GOTTHILF FISCHER

Alle Menschen brauchen Lieder

Gotthilf Fischer

Alle Menschen brauchen Lieder

Herbig

Motiv des Schutzumschlags: Gotthilf Fischer dirigiert
seine Chöre in Monte Cassino

Text und Idee: Hans-G. Michel, Berlin
Umschlaggestaltung: Christel Aumann, München
unter der Verwendung eines Photos von Studio-Foto-Dörr
Satz & Druck: Jos. C. Huber KG, Dießen am Ammersee
Binden: Thomas Buchbinderei, Augsburg
Printed in Germany 1983
ISBN: 3-7766-1258-4

Meinen Chören

Inhalt

Vorwort 9

Alle Menschen brauchen Lieder *11*

Über die Stimme *20*

Die Kraft des Liedes und seine Suggestion *21*

Trompete, Trommel, »Flötentöne« *28*

Ein bißchen Organisation *43*

Eine ganz normale Probe *62*

Reisefieber *71*

Komponieren *91*

Kostümprobe *96*

»Nur« eine Schallplatte *100*

Sängerbund wach auf! *103*

Fernsehen *109*

Guter Rat ist oft teuer *117*

Was ich noch erreichen will *119*

Mein persönlichstes Anliegen *120*

Rettet das deutsche Volkslied *123*

Der Wettbewerb *128*

Deutschland deine Lieder

Deutschlandlied *130*

Baden-Württemberg *133*

Bayern *143*

Berlin *155*

Bremen *165*

DDR *175*

Hamburg *185*

Hessen *197*

Niedersachsen *207*

Nordrhein-Westfalen *219*

Rheinland-Pfalz *231*

Schleswig-Holstein *239*

Saarland *249*

Liebe Leserin, lieber Leser,

kein Konzert vergeht, ohne daß ich nicht anschließend von vielen Menschen umringt und angesprochen werde. Fragen über Fragen prasseln auf mich nieder, ich werde zum Erzählen aus meinem Leben, meiner Tätigkeit mit den Chören verleitet. Plaudere ich dann über Heiteres, Besinnliches, Skurriles, über Anekdoten aus meinem Leben oder mit den Fischer-Chören, über schlicht Menschliches, dauert es nicht lange bis sich die Frage anschließt: »Sie haben so vieles erlebt und gesehen, so viele Persönlichkeiten kennengelernt. Warum schreiben Sie darüber eigentlich kein Buch?«
Dies gab mir den Anstoß, das vorliegende Buch zu verfassen. Ich wünsche mir, daß Ihnen die Lektüre ebensoviel Freude bereitet, wie mir das Schreiben.

Mit vielen lieben Grüßen Weinstadt, August 1983

P.S. Zu meiner Unterschrift meinte übrigens einmal eine Autogrammsammlerin: »Dirigieren können Sie ja, aber Ihre Schrift . . ., die sieht ja schrecklich aus!« Einen Moment stockte sie und fügte dann zum Trost hinzu: »Aber so schlecht ist sie nun auch wieder nicht, daß Sie Ihre Unterschrift gleich fünfmal durchstreichen müssen«, oder wußte sie in diesem Moment nicht die Notenlinien zu deuten?

Alle Menschen brauchen Lieder

Zum erstenmal dirigierte ich mit 17 Jahren. Damals sagten die Leute verwundert, »guckt euch dieses Bürscherl an, siebzehn und will anderen sagen, wie sie singen sollen«. Wenn ich diese Welt verlasse, werden die Leute sagen: »Schon gehört? Der Gotthilf Fischer ist gestorben. – Ach ja? Wann wird er denn beerdigt? – Mittwoch – schade, am Donnerstag hätte ich Zeit gehabt.«

Damals sollte mein Leben in der Öffentlichkeit beginnen, wenn auch diese Öffentlichkeit sich zunächst auf meine Gemeinde, die Nachbarortschaften oder gar die Kreisstadt begrenzte. Aber ich fühlte in mir eine Ahnung, die mich über meine Zukunft, meinen Lebensweg und -willen nachdenken ließ. Daher entwickelte sich ein ganz persönliches Bekenntnis:

Ich glaube daran, daß es einen über uns gibt, der ein nachsichtig mildes Lächeln hat für uns Dummköpfe.

Ich glaube, daß alles, was sich gegen die Natur stellt, gegen sie verliert.

Ich glaube, daß sich alles Negative durch sich selbst zerstört.

Ich glaube an die Kraft des Guten.

Ich glaube an die Macht der leisen Töne über das Geschrei.

Ich glaube daran, daß Musik und Gesang Menschen verbinden.

Ich glaube daran, daß es eine Gnade ist, morgens ohne fremde Hilfe aufstehen zu dürfen und abends ohne fremde Hilfe ins Bett gehen zu können. Wenn es einem in diesem Tagesablauf gelingt, wenigstens einem anderen Menschen sein Dasein auf dieser Welt erträglicher, angenehmer, fröhlicher zu gestalten, dann ist das das höchste Glück.

An sich hätte es leicht sein müssen, diesem Bekenntnis zu

leben, still, privat, von jedweder Öffentlichkeit unbeobachtet und unbeachtet. Doch dazu steht mir der andere Gotthilf Fischer im Wege, der mit missionarischem Sendungsbewußtsein beseelte Mann der Tat, der rastlos von Termin zu Termin hetzt und wohin er auch kommt, gegensätzliche Standpunkte auslöst. Es gibt kaum Menschen, die mir neutral gegenüberstehen. Gehe ich beispielsweise nach einer Veranstaltung allein oder mit Gästen in ein Restaurant zum Essen, dauert es kaum fünf Minuten, bis Gäste am Nachbartisch »Krach« bekommen über Sinn oder Unsinn des Volksliedes. Beinahe kein Flug vergeht, ohne von einer kleinen Gruppe mit »Horch, was kommt von draußen rein« angesungen zu werden. Auch hier schließt sich regelmäßig eine Diskussion der Passagiere an.

Ich gebe zu, daß ich es als Egozentriker genieße, im Mittelpunkt zu stehen, und daß es dort, wo ich hinkomme, zu Aktionen kommt, auch wenn mir meine erste weniger dramatisch lieber gewesen wäre. Sie führte zu meinem Vornamen, welcher die Fernsehredakteure und andere für einen zukünftigen Künstler wichtige Menschen symbolisch die Hände über dem Kopf zusammenschlagen ließ. »Um Himmels willen, mit dem Namen wird das nie was. Legen Sie sich bloß einen Künstlernamen zu, sonst sagen ja alle, ›Gott hilf, Fischer kommt‹.« Bei solchen Auseinandersetzungen und Empfehlungen schüttelte ich nur den Kopf und vermerkte bestimmt: »An dem Namen wird nicht gerüttelt. Er ist Verpflichtung und Vermächtnis zugleich.«

Und so habe ich ihn bekommen: »Wenn es ein Junge wird«, hatte sich mein Vater durchgesetzt, »dann heißt der Gerhard-Albert Fischer.« Damals hatte er noch keine Ahnung von der nachhaltigen Durchsetzungskraft christlicher Krankenhausschwestern und dem 11. Februar 1928: Jahrhundertwinter, Sturm in Orkanstärke, der Himmel hatte seine Schleusen weit aufgerissen. Wohl neugierig auf das Wetter signalisierte ich dem Körper meiner Mutter »ich will raus«. Keine Hebamme, kein Arzt zur Stelle. Endlich fand man ei-

nen Wagen, mit dem man die Strecke von unserem Dorf bis ins nächste Krankenhaus würde überwinden können. Während der Fahrt verstärkten sich die Wehen meiner Mutter. Irgendwann muß sich der Fahrer nach meiner Mutter im Fond umgesehen haben, jedenfalls verlor er die Kontrolle über das Fahrzeug und rutschte äußerst unsanft gegen einen Baum. Es dauerte schier endlos, bis jemand die hochschwangere Frau besinnungslos und den Fahrer des Wagens schwerverletzt fand. Mit einem Leiterwagen schaffte man sie schließlich ins Krankenhaus. Wie das so ist, wenn ärztliche Kunst noch weitergehender Forschung bedarf, die Ordensschwestern hatten ein bewährtes »Hausmittel«. Zu meinem Vater sagten sie ernst, aber tröstend: »Da hilft nur noch beten.« Gleichzeitig kamen sie zu ihrem »Geschäft« – keine Leistung ohne Honorar – und rangen meinem geknickten Vater das Versprechen ab, »wenn der Junge durchkommt, dann muß er Gotthilf heißen, das müssen Sie versprechen.« Im Glauben daran, damit zu helfen, hatte er es dann auch getan. Sein Versprechen ist für mich ein Vermächtnis. Die Alten in meinem Heimatdorf maßen diesem Namen noch eine weitere Bedeutung zu. So erzählte man mir Jahre später, es müsse in derselben Sekunde meiner Geburt geschehen sein: Am Rande des Zimmererplatzes in der Nähe unseres Hauses hatte der Sturm drei mächtige Pappeln aus dem Erdreich gerissen und krachend auf den Platz geschleudert. »Das war sicher die Rache des Bösen, welche das Leben dieses Kindes verhindern wollte. Voller Wut hätten sie die Bäume genommen und auf dem Boden zerschmettert«, erzählten die Alten und beteten dabei, damit es gelänge, mich hochzupäppeln. Ob es an ihnen lag, am Gebet oder an weltlicheren Dingen, weiß ich nicht, jedenfalls lebe ich.
An den eigenwilligen Namen gewöhnte ich mich schnell. In seiner Wandelbarkeit bekam mein Name sogar etwas mit meinen Konzerten zu tun. Wenn ich vor das Publikum treten muß, immer wieder die gleiche letzte Entscheidung auf mich zukommt, »gehst du oder gehst du nicht«, dann sage

ich mir »Gott-hilf«. Für die Dauer des Konzertes heißt es beschwörend »Gott-lieb«, soviel wie »sei lieb und nett zu mir«. Und wenn es schließlich vorbei ist, dann, wenn der einsamste Teil eines ganzen Tages beginnt, sage ich dankend: »Gott-lob«.

Ich sonne mich ein paar Minuten in den wärmenden Strahlen des Beifalls, verbeuge mich, nehme etwas Applaus mit in die Garderobe. Das Publikum geht beschwingt nach Hause, der Chor löst sich in Gruppen und Grüppchen auf. Der Erfolg kann noch so groß gewesen sein, ich sitze allein vor dem Spiegel auf dem Schemel vor dem Schminktisch, falle ein paar Minuten in mich zusammen, fühle mich einsam. Die Zeit vergeht unspürbar. Ich weiß nicht, wie lange ich gesessen habe, wenn ich, an nichts denkend, mich umziehe, mechanisch in die Hose steigen will und erst dann merke, wie klamm die Beine vor Schweiß sind. Wie durch einen Nebel erkenne ich im dunstbeschlagenen Spiegel die Tropfen auf meiner Stirn. »Du mußt noch duschen«, sage ich mir und gebe den Gedanken aus vielen Erfahrungen direkt wieder auf. Ist ein Konzert erst einmal zu Ende, dann wollen alle nur noch möglichst schnell raus. In den meisten Hallen, die ich kenne, funktioniert dann fast nichts mehr. Das schließt die Duschen ein, abgeschlossen oder ohne heißes Wasser. Ich greife zu einem Handtuch, trockne mich ab, ziehe mich endlich an. In schöner Regelmäßigkeit ist die Tür, durch die ich ins Freie will, verschlossen. Mit dem Kleidersack über dem Arm, einem kleinen Koffer in der Hand schleiche ich mich hinaus wie ein Dieb. Der Pförtner oder schon der Nachtwächter, so glaube ich, blickt beinahe strafend, daß ich jetzt erst gehe. Er kann es nicht erwarten, die Tür hinter mir zuzuschließen. Wenn ich Glück habe, komme ich noch mit meinem Auto vom Hof, ohne daß die Pforte verschlossen ist und ich nochmals zurück muß.

So oder ähnlich klingt für mich persönlich jedes Konzert aus. Dennoch steige ich immer wieder aufs Podium. Nicht nur, weil ich altenglisch oder neudeutsch »action« brauche, son-

1 Dirigent mit 18 Jahren 2 1946 als Chorleiter
3 Fischer-Kinderchöre entstehen
1. Schallplattenproduktion im Studio Bauer in Ludwigsburg

4 *Fernsehen Life in Mannheim*

5 *Schallplattenproduktionen mit dem Produzenten Dr. Wille*

dern weil mich die Überzeugung an einen inneren Auftrag trägt: »Du kannst Menschen etwas geben, was sie offenbar dringend brauchen – Ablenkung von ihren Alltagssorgen, Kraft weiterzumachen, Freude.« So versuche ich, durch das Lied, bei Singstunden, Konzerten, Fernsehauftritten, Reisen mit dem Chor, einen fröhlichen, bunten »Blumenstrauß« zu überreichen mit dem Ziel, Menschen ihr Leben etwas zu erleichtern.

Mit den Liedern möchte ich eine Verbindung schaffen zwischen Musik und Natur, dem Familienleben, dem Arbeitsplatz, sogar zwischen dem Leben und dem Tod, wenn es darum geht, nach dem Verlust eines lieben Menschen am Grab mit einem Choral ein geistiges Band zu knüpfen.

Ich halte es für ein Vergehen, die Anlagen einer Begabung nicht zu nutzen. Freude bereiten zu können ist in meinen Augen eine Begabung, und wer sie hat, der sollte sie nutzen, sonst geht es bei uns zukünftig noch trauriger zu als jetzt. Über diesen Anspruch hinaus will ich helfen, das Lied- und Kulturgut unserer Väter und Mütter zu bewahren. Denn dabei handelt es sich um eines der ganz wenigen Dinge, die tatsächlich aus dem Volk kommen. Die Volkslieder sind Ausdruck von Bodenständigkeit und Brauchtum, sind nicht erzeugt und gemacht, sondern gewachsen.

Volkslieder – Lieder des Volkes –, sind für mich Ausdruck von Gefühl, ein Wesenszug, den wir alle bis auf wenige Ausnahmen immer weniger bereit sind, uns zu leisten. Denken wir einen Moment über das Wort *leisten* in diesem Zusammenhang nach. Wir leisten uns eine schöne Wohnungseinrichtung, wir leisten uns weite Reisen, wir leisten uns keine Gefühle. Sich etwas *leisten* heißt bei positiver Wertung dieses Wortes, sich etwas ganz Besonderes gönnen. So gesehen müßten wir bestrebt sein, uns Gefühle zu leisten. Wir tun es aber nur bedingt, öffentlich beinahe nie.

Für mich ist dies mit ein Grund, warum hierzulande das Volkslied so verpönt ist. In den Schulen werden amerikanische Gospels gesungen, da wird Folklore geschmettert, We-

stern- und Country-Musik gehört. Um das deutsche Volkslied wird ein möglichst großer Bogen gemacht. Warum? Hat es mit dem Stachel der Geschichte zu tun, der zu tief in unserem Volk sitzt, der daran erinnern will, daß alles, was deutsch ist, nur mit Vorsicht zu genießen sei?
Wir haben uns angewöhnt, im Rhythmus der Maschinen zu leben, so hat sich auch die Musik gewandelt. Der aggressive »Arbeitstakt« wird über die Melodie gesetzt.
Man könnte nun erwarten, daß dem Volkslied mit »nachsichtiger Toleranz« begegnet wird. – »Du liebst das Volkslied, in Ordnung, ich mag lieber Rock.« Das ist nicht so. Ich glaube den Grund zu kennen: Kaum einer willl es sich mehr *leisten,* feuchte Augen zu bekommen, wenn er »abgleitet« in die Romantik seiner Kindheit und vor seinem geistigen Auge die Nebel über Wiesen ziehen sieht. Dabei würde er sich nur zu gern in die Kindheit entführen lassen, dorthin, wo eigene Entscheidungen noch nicht über Gewinn oder Verlust, Auf- und Abstieg verfügten.
Die gleichen Menschen, die dem Volkslied öffentlich mit Aversionen begegnen, schauen sich gefühlsüberladene Filme an und finden sie womöglich gut. Im Kino ist es ja auch dunkel, man fühlt sich nicht beobachtet, wenn man ein Taschentuch hervorzieht und sich verstohlen eine Träne von der Wange wischt. Vor dem Fernseher wäre das, so könnte man meinen, noch einfacher, doch selbst da blickt man verstört zum Ehepartner, ob der auch nicht etwa die eigene Gerührtheit bemerkt hat. Rührung gehört eben nicht zum Klischee harter Männer und Frauen, die unsere Gesellschaft zu brauchen scheint. »Harte Bandagen« sind wichtiger als Gefühl. Scheinbar ist auch deshalb das Volkslied so wenig beliebt. Tatsächlich aber wird es geliebt, mit einer heimlichen Liebe zwar, zu der man sich oft nur mit einer gehörigen Portion Alkohol bekennt.
Natürlich will ich damit nicht sagen, daß von morgens bis abends nur noch gesungen werden soll; alles zu seiner Zeit. Zum Trainingsprogramm von Altbundestrainer Sepp Her-

berger gehörte z.B. gemeinschaftliches Singen. Es wird mir sicherlich keiner unterstellen, ich hätte die Mannschaft auf dem grünen Rasen lieber Singen als Siegen gesehen. Herbergers Lieblingslied »Hoch auf dem gelben Wagen« machte spätestens Altbundespräsident Scheel auf der ganzen Welt bekannt. Ministerpräsident Albrecht erholt sich vom politischen Wirken bei Hausmusik mit der Familie. Selbst unser Außenminister Genscher hatte, wie ich einmal erlebte, Tränen der Rührung in den Augen, als er sein Lieblingslied »An der Saale hellem Strande« hörte und mich bat, es einmal dirigieren zu dürfen. Gleiches erlebte ich mit dem Bundestagspräsidenten a.D. Richard Stücklen, als er die »heimliche Frankenhymne« »Wohl geht die Luft so frisch und rein« dirigierte. Wer ihn jemals in bayerischen Wahlkämpfen erlebt hat, mochte nicht glauben, daß es sich um ein und dieselbe Person handelt.

Ein andermal traf ich während einer Funkausstellung in Berlin den Ministerpräsidenten von Nordrhein-Westfalen, Johannes Rau. Mit ernstem Gesicht disputierte er offensichtlich, dem Mienenspiel aller Beteiligten entsprechend, mit seinen Begleitern Themen politischer Brisanz. Als er mich sah, erhellte sich sein Gesicht, und unverzüglich stimmte er mit mir den Kanon »Viva viva la musica« an, zum Entsetzen seiner Begleiter, die uns anblickten, als wären wir zwei Spinner. Selbst wenn ich das für mich noch gelten lassen mag, für Johannes Rau sicherlich nicht. Noch heute tut es mir leid, das Vorher und Nachher nicht im Gesicht des Ministerpräsidenten fotografiert zu haben. Es waren zwei Welten, eine todernste und eine überaus fröhliche.

Das, so glaube ich, ist eine der bedeutenden Möglichkeiten, die im Volkslied liegen, es kann die, die es singen, und die, die es hören, etwas fröhlicher machen. Um dies als eine Botschaft zu vermitteln, bediene ich mich, außer der Lieder, dreier wichtiger Voraussetzungen: der Stimme, der Kraft des Liedes und meiner Fähigkeit zur Suggestion.

Über die Stimme

Sie ist keine Erfindung des Menschen, sondern ein von der Natur eingebautes Musikinstrument. Ich würde soweit gehen und behaupten: die Stimme sei der verlängerte Arm der Seele, des Herzens. Man kann sie kaum verstellen.

Redet man mit Menschen, die ausgeglichen, zufrieden, fröhlich sind, dann unterhält man sich lieber mit ihnen, als wären sie mürrisch, von Haß, Mißgunst und Neid zerfressen. Diese Bandbreite macht auch die menschliche Stimme mit. Bei Frauen fällt nur dies des öfteren auf: Lassen sie z. B. jeden Satz mit einem Aufwärtstrend der Stimme enden, wirken sie hysterisch. Die Stimme ist ganz entscheidend für den Ausdruck des sofortigen Kontaktes zu den Menschen. Hat eine unattraktiv wirkende Frau eine wohlklingende Stimme, gewinnt sie sofort. Hat eine bildhübsche Frau eine häßliche Stimme, verliert sie sofort. Das gilt auch für Männer, aber da fehlen mir die Vergleiche. Wie oft begegnet man einer schönen Frau, will sie ansprechen, überwindet sich schließlich, erhält, wenn es gut geht, ein Lächeln, und dann spricht sie ein paar Worte. Ganze Welten können in einem zusammenstürzen. Dabei ist es nicht der Inhalt dieser Worte, den kann man beim ersten Treffen noch nicht werten, es ist ihre Stimme. Wie oft kommt die große Enttäuschung, wenn man nach langem telefonischen Kontakt erstmals einen Menschen sieht und er in keiner Weise zu dem Bild paßt, das man sich über dessen Stimme gemacht hatte.

Die menschliche Stimme besitzt die Einzigartigkeit, die sie auch bei künstlerischem Einsatz als das Herausragende bestehen läßt. Kein Musikinstrument wird sie in ihren Eigenschaften und Anwendungsbereichen jemals ersetzen können. Dabei ist es in diesem Punkt völlig unwichtig, ob es sich um eine schöne oder gar eine kaputte Stimme handelt. Auf ihre Persönlichkeit kommt es an. Als Beispiel möchte ich Louis Armstrong anführen. Seine Stimme war krank. Mit »schönem« Singen hatte seine so anders klingende Interpretation nichts zu tun. Dennoch hat er mit seiner Stimme Welterfolg gehabt. Es war die Einzigartigkeit in seiner Stimme, und die kann kein Musikinstrument nachvollziehen. Eine Geige klingt wie eine Geige von vielen, ein Klavier klingt wie ein Klavier von vielen, eine Gitarre klingt wie eine von vielen, aber die menschliche Stimme ist immer einmalig.

Die Kraft des Liedes und seine Suggestion

Ein Lied kann den Alltag vergessen machen, ihn aber auch wieder stärker ins Bewußtsein rücken. Lieder und Musik sind wie Menschen, in ihren Gefühlen, ihrer Aussagekraft extrem. Das reicht vom höchsten Liebesglück bis zum Haß, von der Geburt bis zum Sterben, vom Krieg bis zum Frieden. Alles das, gut und böse, was jeder von uns in sich selber trägt, vermittelt auch das Lied an Breite, an Spannkraft. Es kann ein Gebet sein, nur viel stärker als das gesprochene Wort, und es kann den Tod bedeuten. Das funktioniert sogar mit ein und demselben Lied, so wie z. B. im amerikanischen Bürgerkrieg, als die Nord- und Südstaaten mit »Glory, glory halleluja« aufeinander losmarschierten und sich niedermetzelten.

Doch soweit müssen wir zeitlich gar nicht zurückgehen; werfen wir doch einen Blick in unsere eigene, jüngere Geschichte. Wie war das denn mit dem »Badenweiler Marsch«, der ausreichte, in München für Adolf Hitler Tausende von Menschen auf die Straße zu bringen. Was ist mit »Vorwärts schmettern die hellen Fanfaren«, mit »Die Fahne ist mehr als der Tod«, mit »Heute gehört uns Deutschland, morgen die ganze Welt«. . . . Lieder haben damals mit dazu beigetragen, Menschen zu verführen, ihre Gefühle zu mißbrauchen. Genau das geschieht im Grunde heute noch, jeden Tag, ich behaupte, jede Sekunde irgendwo auf der Welt. Da erliegt ein

Mädchen mehr dem Rhythmus ihrer Emotion der Musik gegenüber, als dem Mann, der es verführen will und sich dabei der Musik bedient. Bei einem Liebeslied stehen sich ein Mann und eine Frau singend gegenüber. Der Komponist und der Texter versuchten vielleicht, alles das in dem Lied auszudrücken, was die beiden Sänger in diesem Moment fühlen oder zu fühlen glauben. Das Lied hilft dem Funken überzuspringen.

In der Kirche ist für mich das Kräftigste der Choral. Noch bei keinem gesprochenen »Vater unser« habe ich soviel Glanz und Ergriffenheit in den Augen gesehen wie bei »Großer Gott wir loben dich«. Darunter verstehe ich Ausdruck eines tiefen Gefühls.

Ein Lied hat Kraft, wenn die Komposition stark ist. Die Komposition ist stark, wenn sie ehrlich empfunden ist, eine Idee mit einer kräftigen Aussage in Melodie umsetzt. Wird ein Lied gespielt, dann müssen Interpreten und Publikum das Gefühl haben, die Töne aus tiefstem Herzen zu empfinden und dabei nicht Konstruiertem ausgesetzt zu sein. Das Verständnis muß ohne Erklärung vorhanden sein. Muß ich ein Lied erst erklären, lege ich es lieber gleich zur Seite. Die Kraft des Liedes besteht in einer Gemeinsamkeit zwischen Sänger und Zuhörer. Gegenseitig wird man angeregt, den Alltag zu vergessen, neue Kraft zu schöpfen. Nur dadurch ist erklärlich, daß sich die Gesichter von Menschen bei einem Konzert oder die eines Chores schon während der Probe erhellen, verjüngen, aufheitern. Man spürt, wie diese Menschen auftanken; Melodien können über Tage nachklingen. Das ist für mich das Schöne, das Positive in der Kraft des Liedes.

Doch vergesse ich nie, daß es auch die andere Kraft gibt, die negative. Die »Fanfare der Verblendung«, wie ich sie damals nannte und nach wie vor nenne, die im Dritten Reich die »Siegesmeldungen« über die Volksempfänger ankündigte, will mir nicht aus dem Ohr gehen. Ein paar Töne und Takte nur, die musikalisch so sehr »nach vorn marschierten« und

kaum einen noch auf die Meldungen hören ließ. Da sind ganze Panzerverbände in Grund und Boden geschossen worden, Menschen im zweifelhaften und verzweifelten Kampf ums Vaterland inmitten eines weit entfernten, fremden Landes gefallen. Da merkte inzwischen jeder in den Familien, daß Freunde, Bekannte, Brüder, Schwestern, Onkel, Tanten, Väter, Mütter immer weniger geworden waren. Da sah jeder die jungen Burschen mit 14, 16 oder 17 an die Flakgeschütze gehen, und doch suggerierte diese vorwärtsstrebende Fanfare den »Endsieg« oder trug dazu bei, ihn als »sichere Erkenntnis« unter das Volk zu bringen. Zugegeben, die schlechte Tonqualität hatte ungewollt noch das ihre dazu beigetragen. Sie zwang zur Aufmerksamkeit und erzeugte sie auch. Ein paar Takte nur, ausreichend, bei der Verdummung eines ganzen Volkes zu helfen.
Ein anderes Beispiel: Die Stukas hatten im Zweiten Weltkrieg faktisch mit ihren Treffern kaum Wirkung, mit ihren ohrenbetäubenden, im Sturzflug erzeugten Geräuschen allerdings soviel Entsetzen und Angst verbreitet, daß die moralische Wirkung niederschmetternd war. »Negative Kraft der Musik«.

Sicher haben auch Sie ein Lieblingslied. Das mag im Laufe des Lebens gewechselt haben. Oft konnte ich feststellen, je jünger die Menschen sind, desto häufiger wechselte »ihr Lied«. Stellen Sie sich einmal vor, aus irgendeinem Grunde weit weg von zu Hause zu sein, Heimweh zu haben und ausgerechnet in dieser Stimmung ihr Lieblingslied zu hören. Dem Sänger fühlen Sie sich dann sicher freundschaftlich verbunden, dabei kann das objektiv ganz anders aussehen.
Es gibt das Lied, das Brücken schlägt. Zahlreiche Chormitglieder beteuern, daß sie die Gefangenschaft ohne Lieder nicht durchgestanden hätten. Das erste, was sie in der Gefangenschaft gründeten, sei ein Gefangenen-Lagerchor gewesen. Sie hatten so gut wie nichts zu essen, kaum etwas zu trinken, sie waren halbverhungert, hätten sich am liebsten

aufgegeben. In dieser Situation waren es Lieder, die die Erinnerung an die Heimat wachhielten, aufrüttelten, die zum Durchhalten mahnten, an die Familie erinnerten, die dort, wo sie einmal zu Hause waren, den Großvater, Vater, Sohn brauchte. Die einzige Verbindung bestand im Liedergut des Volkes aus ihren Kindheitserinnerungen. Männer, die mehr als einmal dem Tod gegenüberstanden, die Verderben brachten und Greueltaten erlebt hatten, sangen mit feuchten Augen »Guter Mond, du gehst so stille«, »Über den Tannen leuchten die Sterne« oder »Ännchen von Tharau«. Sie kamen wieder nach Hause – wenigstens die, die heute schwören, daß es so war –, kraft des Liedes.

Lieder erzeugen Gemeinschaftsgefühl oder tragen vermittelnd dazu bei. Ich kenne keine Vereinigung, die nicht »ihr Lied« hat, so zum Beispiel die »Internationale« der Sozialisten, wie oft hören wir den Gesang der Fußballfans, deren Mannschaft gewonnen hat, mit »So ein Tag, so wunderschön wie heute«, oder betrachten wir die Wirkung der Nationalhymnen. Die Lieder können dazu dienen, eine mehr oder weniger zusammengeschlossene Gemeinschaft von Menschen nach außen hin kenntlich zu machen, von Außenstehenden optisch zu trennen, Unterscheidungsmerkmale zu setzen, ein Prinzip, welches bis in die kleinste Gruppe spürbar ist. Übrigens eine Anmerkung zum Stichwort Nationalhymne. Ist Ihnen bei großen Sportveranstaltungen schon aufgefallen, daß alle Nationen ihre Hymne mitsingen, nur die Bundesdeutschen nicht? Bis heute bin ich mir nicht darüber klargeworden, woran das liegt. Liegt es vielleicht daran, daß sie sich ihrer Geschichte, mit der sie persönlich nichts zu tun haben – sie alle sind nach dem Krieg geboren, als das »Tausendjährige Reich« längst in Schutt und Asche lag –, schämen? Oder wollen sie sich nicht zu der Nation bekennen, unter deren Flagge sie als Mannschaft antreten? Können sie vielleicht nur den Text nicht, weil sie den in der Schule nicht gelernt haben? – Oder fehlt ihnen das Gemeinschaftsgefühl, das die Hymne symbolisiert? Was, so frage ich mich, haben wir älteren in der Erziehung unserer Kinder falsch gemacht? – Immerhin gibt es in unserer Bundesrepublik Deutschland eine Menge, auf das wir stolz sein können. Wenn meine Interpretation über die Kraft des Liedes stimmt, dann muß es wohl so sein, daß unsere Nationalhymne nicht mehr ehrlich empfunden und vorgetragen wird.

Das Lied kann durch seine Kraft und Wirkung die Menschen verführen; zum Guten und zum Schlechten. Es besteht ein Unterschied darin, ob ich die Natur besinge – das kann nie falsch sein – oder ob ich kämpferische Texte verbreite und dabei auch noch den gleichen Rhythmus zugrunde lege. Für mich ist es vom Ansatz her verschieden, ob ich »Alle Vögel sind schon da«, »Jetzt laß uns in den Frühling wandern« singen lasse oder einen Marsch, dessen Töne und Worte das Bild Uniform und Gleichschritt erzeugen.

Wenn ich mir das so recht überlege, müßten doch die Naturschützer in sämtlichen Parteien sagen, »der Fischer, das ist unser Mann, der besingt die Natur«. Eher das Gegenteil tritt ein, und sie meinen: »Die Natur, die er besingt, die gibt es ja gar nicht mehr.«

Käme beispielsweise die Friedensbewegung zu mir und würde mich auffordern, ein »Friedenslied« für sie zu schreiben, ich müßte verneinen, schon aufgrund dessen, ein »Lied« für mich nicht zur Bewegung und ein »Friedensmarsch« nicht zu meinem Verständnis von Frieden paßt. Ein Marsch hat immer etwas Kämpferisches, zumeist sogar Militärisches an sich. Mein Frieden, den ich mit meiner Musik unter die Menschen bringen will, ist aber kein kämpferischer Frieden, es ist der Frieden nach innen. So wie man mit Musik allein keinen Krieg führen kann, so kann man ihn mit Musik allein auch nicht verhindern. Man kann nur mit Liedern ganz zurückhaltend zum Frieden mahnen. Mit Marschrhythmus und Kampf kann das nichts zu tun haben.

Im Gegenteil, höre ich irgendwo bei einer Veranstaltung einen Marsch, bin ich sofort wie elektrisiert, werde vorsichtig, abwartend. Es wäre schon viel erreicht, gelänge es mir und

meiner Generation, diese eine Erfahrung an Kinder, Enkel, Urenkel weiterzugeben – die Erfahrung des Mißbrauchs der Suggestion, von der ich sage, man solle sich weitestgehend davor hüten, selbst wenn ich unter anderem davon lebe. Man stelle sich bitte nur einmal vor, Tausende von Menschen »kleben« mit ihren Augen an meinem kleinen Finger, und auf einen Wink, eine winzige Bewegung nur, beginnen sie gleichzeitig zu singen, lassen sich dirigieren. Dabei kann ich mich des Eindrucks nicht erwehren, irgendwie muß ich die Kraft der Suggestion wohl in mir haben. Ich empfinde dies als ein Geschenk, eine Gabe, eine Gnade. Aber genauso wie es gelingt, mit Liedern Freude zu bereiten, würde es gelingen, mit ihnen Verderben zu bringen. Die Kraft der Suggestion trägt man oft in sich, ohne daß es zum Bewußtsein kommt, wie man sie nutzt. Beispiele lassen sich in Geschichte und bei Politikern genug finden. Ich gebe zu, daß ich diese Begabung habe, und ich gebe auch zu, daß ich sie benutze. Dabei aber lege ich Wert darauf zu vermerken, »daß ich sie nur zum Guten nutze«; für mich eine Selbstverständlichkeit.
Einen Moment aber möchte ich mit dem Gedanken spielen, diese Kraft der Suggestion anders einzusetzen. Ich stelle mir vor, ich singe mit eintausend Leuten ein in Melodie und Rhythmus monotones Lied. Es gibt zwei Gruppen zu je 500 Mann, sie stehen sich in einer Linie gegenüber. Die eine Gruppe singt die erste Stimme, die andere die zweite. Der Text lautet etwa so – abwechselnd und in unterschiedlicher Stimmlage von Gruppe eins und Gruppe zwei gesungen: »Du schlägst mich tot«, »Ich schlag dich tot«, »du schlägst mich tot«, »ich schlage dich tot«. Das steigere ich von der leisen, getragen beginnenden Sangesweise bis hin zum lauten aggressiven Stakkato. Ich bin mir völlig sicher, die beiden Gruppen gehen ab einem bestimmten Zeitpunkt aufeinander los, in der voller Überzeugung, in »Notwehr« zu handeln. Gott sei Dank gelingt es nicht, auf diesem Weg ein ganzes Volk aufzuhetzen oder gar einen Bürgerkrieg zu entfachen. Aber die Gunst des Augenblicks richtig genutzt, kann

so Menschen ins Verderben stürzen. Nach dieser hoffentlich nur gedachten Massenschlägerei wird keiner wissen, warum ausgerechnet er da mitgemacht hat. Ich möchte Ihnen in diesem Zusammenhang einen kleinen Test anbieten, den Sie im Bekanntenkreis einmal ausprobieren sollten: Immer wenn ein Gast zu Besuch kommt, erwähnen Sie im Lauf der Unterhaltung: »Der da unten, das ist vielleicht ein Idiot, meine Güte.« Das machen Sie vielleicht nur zehnmal. Irgendwann einmal kommt Ihr Bekannter wieder zu Besuch und fragt Sie: »Was macht eigentlich der Idiot da unten?« Wer jetzt nach dem Geschilderten Sorgen haben sollte, darf beruhigt sein, ich werde nie versuchen, Menschen gegeneinander aufzuhetzen. Ich will mit dieser mir gegebenen Kraft Freude bringen und den Gedanken vom Frieden unter Menschen tragen. In jungen Jahren, da war es für mich etwas Besonderes, Menschen Freude zu machen, je älter ich werde, um so mehr wird es mir zur Verpflichtung. An einem Lied, das ich komponierte und bei jeder Veranstaltung der Fischerchöre singen lasse, ist ein wichtiges Verpflichtungsmotto von mir und meinen Chören abzulesen: Es heißt »Frieden«.

Bis ich zu dieser Interpretationsform von eigenem Anspruch und Musik gelangte, vergingen viele Jahre. Die Musik selbst bekam ich nicht in die Wiege gelegt. Dafür sorgte schon meine Mutter, die bis zu ihrem Tode Musiker für »nichtsnutziges Gesindel« hielt, trotz oder vielleicht gerade wegen meines Vaters, des begeisterten Amateur-Trompeters und -Dirigenten der dörflichen Musikkapelle. Vermutlich waren die Erfahrungen meiner Mutter mit ihm nicht die besten. Für mich bedeutete das, mir den Zugang zur Musik zu »erkämpfen«. Dennoch haben meine Kindheitserinnerungen zumeist mit Musik zu tun.

Trompete, Trommel, »Flötentöne«

Ich war gerade drei Jahre alt, als ein Spielmannszug durch unser Dorf zog. Mit meinen Eltern stand ich am Straßenrand, schaute und hörte dem bunten Treiben zu. In einem unbeob-

achteten Augenblick riß ich mich los, rannte zu den Musikern und marschierte im Takt hinterher. Nichts Besonderes an sich, welches Kind macht so etwas nicht gern. Es wäre meinen Eltern sicher auch weniger peinlich gewesen, hätte es sich nicht um den Spielmannszug der kommunistischen Arbeiterbewegung gehandelt. Zur Bereinigung der persönlichen Situation gab es mindestens zwei Möglichkeiten: mir entweder nachzurennen und noch mehr Aufmerksamkeit auf mein vermeintliches Fehlverhalten zu lenken oder sich verlegen auf die Lippen zu beißen und sich entschuldigend umzusehen. Sie entschieden sich zu letzterem.
Mir den Hintern zu verhauen, als wir wieder zuhause waren, stellte sich als wenig wirksam heraus; denn das Ergebnis hatten sie ohnehin. Ich heulte wie ein Schloßhund, wenn auch aus anderen Gründen: Ich wollte unbedingt eine Trommel und sie wollten mir keine kaufen. Letztlich muß sich bei ihnen wohl die Erkenntnis durchgesetzt haben, daß zeitlich »eingeschränktes Üben weniger an die Nerven gehe als fortwährendes Weinen«. Ich bekam meine Trommel und sogar die Erlaubnis, als Dreijähriger zu den Proben des ortsansässigen Musikvereins gehen zu dürfen. Die wegen meines Alters erforderliche Ausnahmegenehmigung erteilte mir der Dirigent, mein Vater, höchstpersönlich.
Als ich vier Jahre alt war, konnte ich mit dieser Trommel recht gut umgehen. Besonders stolz war ich auf den erlernten »Lockruf zu Preußens Gloria«, den ich bis hin zur kindlichen Perfektion entwickelt hatte. Meinem Vater, als Dank, daß er mir das ermöglicht hatte, wollte ich unbedingt einen »Backsteinkäse« kaufen, von dem ich wußte, daß er ihn gerne aß. Aus Geldmangel fing ich an der ersten Tür im Dorf an zu trommeln. Während ich von Tür zu Tür ging, den »Lockruf« trommelte, sagte ich meinen Spruch auf: »Kann ich einen Pfennig haben, ich möchte meinem Vater einen Käse kaufen.« An der letzten Tür im Dorf hatte ich die erforderlichen zehn Pfennig »verdient«, stürmte damit den »Tante Emma Laden«, der bei uns Mina wie die Besitzerin hieß. »Ich möch-

te einen Backsteinkäse.« Stolz legte ich den Groschen auf die Theke. Mit dem Käse in der Hand und der Trommel vor dem Bauch rannte ich nach Hause und drückte meinem Vater, der bei der Arbeit war, den Käse in die Hand. Natürlich hatte ich angenommen, er würde sich sehr darüber freuen. Entsprechend war meine Niedergeschlagenheit, als ich in seine strafend blickenden Augen schaute. Mußte er doch sicher annehmen, daß ich, ohne eigenes Geld, den Käse geklaut hätte. Aber das wurde mir nicht so ganz bewußt. Die weitere Entwicklung verstand ich damals ebenfalls nicht. Als ich ihm »gestanden« hatte, woher ich das Geld habe, schüttelte er den Kopf und sagte mehr zu sich als zu mir »und das hast du gemacht, um mir einen Käse zu kaufen«. Dann liefen dem Zimmermann Tränen über das Gesicht. Ich war entsetzt und fragte ihn, »habe ich etwas falsch gemacht?« Er strich mir mit der Hand über's Haar und sagte, »nein, nein, mein Junge.« Mit der anderen Hand wischte er sich über sein Gesicht; es war danach voller Schmutzspuren. Zum erstenmal in meinem Leben hatte ich einen Menschen vor Freude weinen sehen.

Das muß etwa die Zeit gewesen sein, als ich mir Vaters Luftdruckgewehr kurzfristig »ausgeliehen« hatte und einer Nachbarin den draußen stehenden nagelneuen Nachttopf zerschoß. Sie brachte ihn anschließend Mina mit den Worten zurück: »Der ist nicht dicht.« Dafür aber steckte ich keine Prügel ein, obwohl mein Vater gewußt haben muß, daß nur ich der Übeltäter gewesen sein konnte, denn das Gewehr hatte ich später auf dem mir bekannten Platz nicht mehr vorgefunden.

Dafür hatte ich ein anderes Mal Probleme, auf meinen »vier Buchstaben« zu sitzen. Das war, nachdem mich die Klasse zum »Pferdeäppelkönig« ernannt hatte. Hintergrund der Geschichte war folgende Vereinbarung im Dorf: Wer mit einem Bollerwagen Pferde- und Kuhmist von der Straße sammelte und mit einem vollen Wagen nach Hause kam, der bekam dafür fünf Pfennig. Weil alle Kinder des Dorfes natürlich dabei mitmachten, war die Straße meistens recht sauber. Über diese Vereinbarung hinaus gab es einen regelrechten Wettstreit. Wer zuerst übers Jahr gesehen den Wagen am meisten voll hatte, wurde zum Pferdeäppelkönig ernannt. Da mir schon als Kind nichts schnell genug gehen konnte, ersann ich einen Weg, mit möglichst wenig Aufwand zu einem »sicheren Ergebnis« zu kommen. Ich lud deshalb meinen Bollerwagen an einem Misthaufen beinahe voll und verteilte ein paar frische Pferdeäpfel darauf. Das konnte ja nicht lange gutgehen – ich wurde erwischt, verlor gleichzeitig »Titel« und Glaubwürdigkeit, wie auch mein »Sitzfleisch«. Die wirklich verdienten Prügel bekam ich, wenn man so will, fürs »Klauen fremden Mists«. – Bei dieser Gelegenheit lege ich Wert auf die Feststellung, daß diese Episode mit späteren musikalischen Kompositionsmethoden absolut nichts gemein hat.

Die nächsten zwei Erinnerungen haben wieder mit der Kombination »Schmerz und Musik« zu tun: Ich saß in der Schulbank. Musikstunde. Mein Lehrer erschien und packte umständlich seine Geige aus. Ich dachte mir: »Schön . . . Geige!« Wir sollten singen und er würde uns auf seiner Geige begleiten. Als ich die ersten Töne hörte, die er vergeblich versucht hatte, seiner Violine sauber zu entlocken, konnte ich nicht mehr singen. Sing mal, wenn du lachen mußt. Das Lachen verging mir aber sehr schnell, als der Rohrstock auf meinem Hosenboden tanzte. Erst viel später wurde mir bewußt, daß mein Lehrer mehr sein ihm bekanntlich mangelndes Talent geschlagen hatte als mich.

Die nächste Musikstunde nahte. Zuvor präparierte ich den Rohrstock, indem ich blaue Tinte darin »aufzog«. Der Unterricht begann wie gehabt. Ich legte es natürlich darauf an, Prügel zu bekommen, und bekomme sie auch – aber nur einen einzigen Schlag – es war der letzte von diesem Lehrer. Wie mit dem Lineal gezogen, zeichnete sich eine feine Spur tiefblauer Tinte auf der frisch geweißten Wand ab. Die physikalischen Zusammenhänge kannte ich noch nicht, aber wie mir schien, hatte das Trägheitsgesetz der Masse gegriffen. Noch oft erinnere ich mich an das Bild dieses verzweifelten Musiklehrers, den ich an den Rand der Resignation gebracht hatte. Er tut mir noch heute leid. Für den weiteren Verlauf unserer Begegnung blieb ihm keine andere Wahl, als mich regelmäßig zur Singstunde hinauszuwerfen. Damit ich aber nicht nutzlos herumstand, mußte ich jedesmal für ihn Wasserflöhe fangen gehen; zum einen suchte er eine »sinnvolle Beschäftigung« für mich, zum anderen hatte er zu Hause Fische. So radelte ich oft zum nahen Teich, und nachdem ich ein paar dieser herumhüpfenden Tierchen gefangen hatte, zum Fußballplatz weiter. Dort verbrachte ich dann die Vormittage, an denen eine Singstunde angesetzt war. Ohne Armbanduhr, wer konnte mir da vorwerfen, wenn ich auch Rechnen, Erdkunde und Lesen »ausfallen« ließ und nicht wieder rechtzeitig in der Schule erschien. Die Wasserflöhe lieferte ich dann immer pflichtbewußt ab und wurde auch niemals gefragt, wo ich denn so lange gewesen sei. Zu tief saß wohl der Schock meines Lehrers, einen Schüler in der Klasse zu haben, der gleich beim ersten Ton sein fehlendes Können auf seiner Geige bemerkt hatte.

Nachdem ich, etwas älter geworden, feststellte, daß mir die Trommel nicht mehr viel musikalische Entwicklungsmöglichkeiten bieten würde, entschloß ich mich, Trompete spielen zu lernen, *das* Instrument meines Vaters. Mutters harter Standpunkt gegenüber den Musikern und denen, die es werden wollten, hatte sich nach wie vor nicht gewandelt. Es blieb mir deshalb nichts anderes übrig, als die Trompete auf gleichem Wege wie schon das Luftdruckgewehr zuvor »auszuleihen«. Heimlich schlich ich auf den Dachboden, drückte den Trichter gegen einen vollen Mehlsack und übte. Die Fortschritte meines Könnens ließen mich allzuschnell die gebotene Vorsicht vergessen. Mutter stürmte dann auch eines Tages den Dachboden, erwischte mich mit Vaters Trompete und verprügelte mich fürchterlich: »Damit dir die Flausen ein für allemal ausgehen. Marsch aufs Feld mit der Hak-

6 Letzte Absprache vor einer Life-Sendung: »Sing mit Fischer im ZDF«

7 Gotthilf Fischer beim Komponieren

8 *Wenn Fischer Urlaub macht, freut er sich aufs Komponieren – auf einer Freitreppe in Italien*

9 *Fernsehsendung aus Schwäbisch Hall Tausende werden über Mikrofon zum Singen eingeladen*

ke.« Ich nahm nicht nur die Hacke mit, auch die Trompete, setzte mich ins Gras und übte weiter, bis mir Lippen und Wangen weh taten. Bis Kriegsende gelang es mir, meiner Mutter zu verheimlichen, daß ich Trompete spielen konnte.
Inzwischen hatte ich einige Zeit in der Lehrerbildungsanstalt verbracht. Der Trommel und der autodidaktisch erlernten Trompete war noch das Klavierspiel gefolgt, und zu guter Letzt wurde ich auch noch zum Kreischorleiter – zwar nur ein Ehrentitel – ernannt. Es war auch die Zeit, in der ich von der Lehrerbildungsanstalt fliegen sollte, weil ich Hitler Hitler sein ließ und trotzdem »entartete Kunst« gesungen hatte, z.B. Mendelssohn und Sylvius Raban, oder für meine Klassenkameraden die Demonstrationshasen unseres Biologielehrers klaute, damit sie etwas zu essen hatten. Dank einer jungen Gastwirtsfrau, deren Mann an der Front fürs »Vaterland stritt«, bekam ich auch so täglich einen vollen Magen. Eine Zeit, in der ich das Seil der Kirchenglocke oben im Turm mit einem Fuchsschwanz durchtrennte, um das »Gebimmel« zu beenden, welches uns jeden Morgen eine Stunde Schlaf raubte. Ein aufsässiger Gotthilf Albert-Gerhard Fischer kehrte damals nach Kriegsende in sein Heimatdorf zurück.
Es war die Stunde Null in Deutschland. Die letzten Schüsse hoffentlich in diesem Jahrhundert auf unserem Boden waren verhallt. Unser Dorf war von den Amerikanern besetzt – Ausgangssperre ab 19 Uhr. So im Nachhinein überlegt, hatte es sicher etwas mit meiner aus der Lehrerbildungsanstalt mitgebrachten Aufsässigkeit zu tun, daß ich jeden Abend pünktlich um 19 Uhr 30 das Dachfenster unseres Hauses öffnete und mit der Trompete meines Vaters Lieder wie »Guten Abend gute Nacht« oder »Der Mond ist aufgegangen« blies. Die Fenster des Dorfes blieben geöffnet. Die Menschen standen dahinter und lauschten. Nach dem Lied schlossen sich die Fensterläden, und die Leute gingen zu Bett. Dieses eine Lied verband alle Bewohner im Dorf. Jeder hatte Angst vor der Zukunft, wußte nicht, was noch auf ihn zukommen wür-

de. Dieser musikalische Abendgruß, glaube ich, hat Mut gemacht. Hätte ich statt getragener Weisen einen Marsch gespielt, die Amerikaner hätten ihn mir sicher geblasen in der Überzeugung, »jetzt will der das Dorf nochmal mobil machen«. Eines Tages bekam ich aber doch Besuch von der »Besatzungsmacht«.

»Ich habe dir immer gesagt, Junge, das kann nicht gutgehen«, bereitete mich meine Mutter ängstlich auf den Besuch einer Amerikanerin vor: »Aber du wolltest ja nicht hören und mußtest jeden Abend Trompete spielen. Jetzt kommst du bestimmt in Arrest.«

Eine Dame, etwa 50 Jahre alt, betritt mein Zimmer. Sie blickt mich lange an und fragt schließlich: »Sie spielen abends immer die Trompete?« Mit einem von meiner Mutter verursachten Kloß im Hals nicke ich. Ihr Deutsch klang perfekt, aber mit leichtem amerikanischem Akzent, als sie mich erneut anging: »Wie heißen Sie?« Ich antwortete kurz. Sie nickte freundlich, »Sie werden von mir hören«, und verließ Raum und Haus.

»Ich habe es ja gesagt«, fing meine Mutter wieder an zu zetern. Aufgrund ihrer ängstlichen Ahnung warteten wir eine Woche lang gemeinsam darauf, nun endlich abgeholt zu werden. Es geschah nichts dergleichen. Ich spielte weiter, so lange, bis die Ausgangssperre immer weiter gelockert und schließlich gänzlich aufgehoben wurde. Die Angst meiner Mutter verinnerlichte ich gottlob nicht, sonst hätte ich sie genau 26 Jahre mit mir herumtragen müssen. Erst dann erfuhr ich etwas von der Deutsch-Amerikanerin, die damals in der Stunde Null in meinem Zimmer stand, über einen Anwalt aus Stuttgart.

In ihrem Testament hatte sie mir 3000 Dollar vermacht, das wohl ertragreichste »Engagement« meines Lebens, ca. 12 000 Mark (zum damaligen Kurs) für zweieinhalb Minuten Trompetenspiel. Ich konnte das alles kaum fassen, las den Brief des Anwalts mehrmals und dachte längere Zeit über diese Frau nach. Als junges Mädchen war sie in die USA aus-

gewandert und hatte dort auch geheiratet. Der Krieg war vorbei und sie wollte noch einmal ihr Deutschland sehen, sogar in seiner Zerstörtheit.
Diese Amerikanerin kam in unser Dorf und hörte zufällig eine Melodie, welche sie an ihre Kindheit erinnerte und mit diesem Land, ihrer Heimat, verband: »Der Mond ist aufgegangen«. Spätestens mit diesem Lied war für sie eine Brücke über das Dritte Reich hinweg in den beginnenden Neuanfang geschlagen und sie fühlte sich, als sei sie nach Hause gekommen. Für dieses Gefühl war sie mir dankbar und dafür bin ich ihr dankbar. Denn sie gab mir 26 Jahre nach meinem vorgetragenen Abendlied die Gewißheit, in der Zeit dazwischen das Richtige getan zu haben, auf die verbindende Kraft des Liedes zu vertrauen.

Direkt nach dem Krieg fand mein Trompetenspiel auch bei meinem Vater Verwendung. Ein großer Teil seines Musikvereins war entweder im Krieg geblieben oder noch in Gefangenschaft und der Anlaß, eine Beerdigung, erlaubte keinerlei Aufschub mehr. Damals trug man den Sarg noch vom Haus bis zum Friedhof. Eine monumentale Friedhofsmauer versperrte die Sicht zur herannahenden Trauergemeinde. Zu sechst warteten wir in gebührendem Abstand zum Grab auf ein »dezentes Zeichen« des Totengräbers, um dramaturgiegerecht mit der Trauermusik beginnen zu können. Wir alle hatten nicht bedacht, daß von dem bärbeißigen Mann, vor dem alle im Dorf Angst hatten – wohl auch, weil sie wußten, daß sie ihm und seinem Berufsstand irgendwann einmal alle unter die Finger kommen würden –, kein heimliches und vor allem kein dezentes Zeichen zu erwarten war. Wir hielten schon vorsorglich unsere Instrumente bereit. Der Trauerzug nahte. Plötzlich nahm der Bestatter seine Schaufelbaggerhände an den Mund und brüllte wie ein Stier über den Friedhof: »Fanget a, se brenge da.« Meine Luft reichte jetzt natürlich nicht mehr zum Spielen, nur noch zu innerlichem Lachen und halbwegs zur äußerlichen Kontrolle meiner Gesichtszüge. Mit seiner Methode, das zuvor vereinbarte »versteckte Zeichen« zu geben, hatte der Totengräber für mich die feierliche und traurige Stimmung ins Komische verwandelt. Die anderen Musiker bemühten sich mit weitaus mehr Erfolg um Ernsthaftigkeit, aber dazu stand mir meine Jugend noch im Wege. Für diese erste von vielen weiteren Erfahrungen mit Beerdigungen bin ich bei genauerer Betrachtungsweise froh, da ein Begräbnis doch gelegentlich keine so ernste Sache sein müßte. Zum einen ist es das natürlichste von der Welt, daß Leben vergeht, und zum anderen sollte ein gläubiger Mensch vor dem Tod keine Angst haben. – Bei uns im Dorf waren sicher alle gläubig. Später erlebte ich des öfteren, wie unvorhergesehene, durchaus amüsante Ereignisse auf Friedhöfen eine gedrückte und niedergeschlagene Stimmung heben und die Trauergemeinde wieder dem Leben zuführen können. Bei einer solchen Erfahrung spielte dieser eben schon geschilderte Totengräber erneut »die« Hauptrolle.

Doch zunächst möchte ich kurz meinen Weg zum Dirigenten einflechten. Wie so oft in meinem Leben, spielte auch hier der Zufall eine große Rolle.

Meine erste Chorprobe als Dirigent sollte ich mit 17 Jahren haben. Der Grund für einen Gesangvereinsvorsitzenden, mich zu einer Probe einzuladen, war vermutlich mein absolvierter Klavierunterricht noch während der Zeit in der Lehrerbildungsanstalt. An diesem Tag hatten sie wohl keinen Klavierspieler, und wie sich weiter herausstellte, auch keinen Dirigenten. Der Vorsitzende trat schließlich an mich mit der Frage heran, ob ich es nicht mal probieren wolle. – Mit ausladenden Bewegungen, wie ein Holzfäller, dirigierte ich dann mehr mit meinem ganzen Körper, als mit meinen Händen. Trotzdem, der Chor wählte mich anschließend einstimmig zu seinem Dirigenten. Wohl eher, weil im Moment kein anderer vorhanden war, aber dies hatte ich im Übermut meines Glücks nicht im entferntesten angenommen. Ich war stolz auf die ersten 20 Mark, die ich jetzt als regelmäßi-

ges Monatseinkommen erhielt. Aus den Nachbardörfern stießen im Laufe der Zeit nach und nach andere Chöre dazu. Mit dem Fahrrad fuhr ich zu den Proben. Als die Reifenmäntel durch den größeren Verschleiß brüchig wurden, umwikkelte ich sie notdürftig mit etwas Kordel. Was für ein erhebendes Gefühl war es, endlich von einem Chorvorstand mit seinem holzgasgetriebenen Lastkraftwagen abgeholt zu werden. »Ein richtiges Auto, und du wirst damit chauffiert«, sagte ich mir, für mich damals mehr als heute eine ganze Weltreise. Auf meine Art zu dirigieren hatte allerdings auch diese »standesgemäße Fortbewegung« zunächst keinerlei Einfluß gezeigt – immer noch wie ein Holzfäller. Wie man dieses Handwerk besser macht, vorsichtig, mit gefühlsvollen Bewegungen, mußte ich natürlich noch lernen.
Nicht mehr lernen mußte ich, für – jetzt wohl – »meinen« Chor und mich jede Gelegenheit zu nutzen, auf singende Weise zu Essen und Trinken zu kommen. Aus diesem Grund gab ich ein »Gastspiel« mit einem 120-Mann-Chor im Remstal. Den Weg vom Neckartal bis hin legten wir entweder mit dem Rad oder zu Fuß zurück. Das Konzert hatte so gut gefallen, daß der ansässige Wirt seinen bis dahin »geheimgehaltenen« Wein servieren mußte. Für manchen der Sänger war es sicher der erste Alkohol, den sie seit sechs Jahren bekommen hatten, für mich der allererste überhaupt – ein junger Wein, süß wie Bowle, aber voller Fusel. Nach zwei stimmungsvollen Abschiedsliedern machten wir uns auf den Heimweg. Unterwegs glaubten wir an einer Epidemie zu leiden, reihenweise fuhren wir in Gräben, torkelten auf Felder, lagen auf der Nase. Das Heimatdorf erreichten nur noch zehn Sänger, der Rest war »auf der Strecke geblieben«. Es dauerte eine ganze Nacht, die »Verlorengegangenen« wieder zu finden, nach Hause zu schubsen, zu tragen, zu stützen, in den Hausflur zu bugsieren.

Außer dem Gesangsverein gab es damals nichts, was die Leute vom »Wiederaufbau« hätte ablenken können. Die Proben, das Zusammentreffen und die Auftritte waren oft eine willkommene Unterbrechung des mitunter mühevollen Alltags. Man vergnügte sich, half sich gegenseitig auch, mögliche Sorgen und Probleme wenigstens für kurze Zeit zu vergessen.

In dieser Anfangsphase verschlug das Schicksal zwei Flüchtlinge in unsere Gemeinde. Damals keine Besonderheit, außer daß sie, von den paar Habseligkeiten, die sie retten konnten, abgesehen, noch ärmer und bedauernswürdiger schienen als wir, hatten sie doch alles verloren. Bewundernswert sahen sie dennoch ein, daß es keinen Sinn habe, darüber zu trauern, und beschlossen voll des Optimismus zu heiraten. Nur von was sollten sie ihre Hochzeit ausrichten, geschweige denn Gäste einladen oder gar bewirten. Der Zufall führte am Vorabend der Hochzeit einen reichen Viehzüchter in unser Vereinslokal. Wie es öfter schon bei anderen Begegnungen vorgekommen ist, wollte auch er uns diesmal überreden, für ihn das russische »Einsame Glöcklein« zu singen. Seinen Wunsch abwägend, antwortete ich ihm berechnend: »Aber nur, wenn du deine fetteste Sau aus dem Stall holst, sie in einer Stunde herbringst und wir den beiden daraus für morgen ein Hochzeitsmahl machen können.« Er schlug ein. Nie hatte ich damit gerechnet, daß dieser, normalerweise als Geizhals verschriene Viehhändler, das wahrmachen könnte. Nun, wir sangen sein gewünschtes Lied, und er verschwand danach kurzerhand mit zwei Chormitgliedern. Nach knapp einer Stunde erschienen sie wieder – alles staunte – mit dem Schwein. Der Wirt wurde geweckt und gebeten, die Sau noch in der Nacht zu schlachten, und so hatten die zwei Hochzeiter am nächsten Tag das fürstlichste Hochzeitsessen, das sie sich je hätten erträumen können.

Welche ungeahnte Bedeutung Chor und Gesang für das einzelne Mitglied haben können, möchte ich an Heinrich, dem Besitzer der örtlichen Dreschmaschine, kurz verdeutlichen. Aus dringendem Anlaß rief ich also eines Tages Heinrich an:

»In zwei Stunden haben wir ein wichtiges Treffen, ich brauche dich unbedingt für ein Doppelquartett.« Eine halbe Minute lang sagte er nichts. Im Hintergrund hörte ich den Lärm seiner Dreschmaschine. Dann erklärte er mir: »Es ist unmöglich. Hier stehen zwanzig vollbeladene Getreidewagen. Die Bauern haben schon ihre Uhrzeit, wann sie drankommen. Wenn das jetzt Regen gibt! Es ist wirklich unmöglich ... aber ich komme.«

Wie er mir dann nachträglich erzählte, ließ er absichtlich einen Besen in die Maschine fallen, der laut hörbar anschlug. Auf dieses beängstigende Geräusch hin stellte er seine Dreschmaschine ab und erklärte den Dorfbauern lapidar: »Kaputt, habt ihr ja gehört.« Da außer ihm von diesem Gerät niemand eine Ahnung hatte, mußten sie ihm das glauben. Den Krach hatten sie ja wirklich gehört. »Das Beschaffen der Ersatzteile dauert ungefähr vier Stunden«, log er ihnen weiter vor. Ohne weiteren Kommentar nahm er seinen Wagen, warf einen nichtssagenden Getreidesack auf den Beifahrersitz und fuhr los. Mit dem Sack in der Hand kam er bei uns an. »Was willst du denn damit«, fragte ich ihn verwundert. Er tippte mit einem Zeigefinger an seine Stirn und entgegnete: »Hätte ich mich vielleicht noch umziehen sollen?« und zog seinen Sängeranzug aus dem Getreidesack. Das Konzert wurde zu einem schönen Erfolg; für den Besitzer der Dreschmaschine allerdings ein wenig zu schön, denn die Esslinger Zeitung berichtete ausführlich mit Bild von besagter Veranstaltung, und Heinrich erhielt besonderes Lob. Sein Bariton sei bei der Interpretation von »Rosemarie, sieben Jahre mein Herz nach dir schrie« besonders positiv aufgefallen. Damit war er nicht nur »aufgefallen«, sondern auch aufgeflogen. Was er sich denn denke, die Bauern so anzulügen, wurde er beschimpft. In dieser Situation nicht verlegen, sagte er den für einen Schwaben wirklich denkwürdigen Satz: »Lieber soll mein Geschäft verrecken als der Gesang.«

Kurz darauf nahte der schon angedeutete nächste Kontakt mit dem Totengräber meines Heimatdorfes. Als Dirigent steht man bekanntlich vor dem Chor. Während eines für dieses Geschehen angemessenen Liedes sollte der Sarg langsam ins Grab gesenkt werden. Es handelte sich diesmal um einen Sarg, wie er schöner und reicher verziert nicht zu finden war. Ein Meisterstück des Schreiners, der es mit dem Verstorbenen wohl besonders gut gemeint hatte. Es wäre auch für diesen Moment sein Meisterstück geblieben, wenn – ja wenn er mit seinen ausladenden, zusätzlich angebrachten Füßen in das nach Normen ausgehobene Grab gepaßt hätte. Wer nun glaubte, der Bestatter würde die Beerdigung abbrechen, das Grab verbreitern, der sah sich gröblichst getäuscht. Plötzlich hörte ich hinter mir lautes Fluchen des Totengräbers – »Herrgottsakranochamal« – und vier harte Schläge mit einem Spaten und dazu das unverkennbare Geräusch von berstendem Holz. Erschreckt drehte ich mich um und sehe die zusätzlich angebrachten Füße neben dem Sarg liegen, er hatte sie kurzerhand abgeschlagen. Keiner in der Trauergemeinde wagte es, sein Gesicht auch nur zu einem leichten Grinsen zu verziehen. Alle verwünschten sicher den Schreiner, der die Maße nicht eingehalten hatte. Die »Zusammenarbeit« zwischen dem Zimmermann und dem Totengräber soll aus diesem Grund noch auf Jahre »gestört« gewesen sein. Mein Grinsen konnte ich, dem Chor zugewandt, leicht verbergen. Die Sänger hatten es etwas schwerer. Bei einigen bemerkte ich sogar ein bis dahin nicht gekanntes Vibrato in der Stimme.

In meiner Laufbahn erlebte ich notgedrungen noch viel Beerdigungen, entweder als Chorleiter oder als »Offizieller«, wenn es darum ging, von »Sangesbrüdern« Abschied zu nehmen. Ein paar kleinere Anekdoten aus traurigen Anlässen möchte ich hier nicht vorenthalten:
Eine große Gemeinde nahm am Grab von Wilhelm Abschied. Als ehemaliger Ehrenvorsitzender des örtlichen Gesangvereins hatte er sich das Recht auf eine Abschiedsrede des ersten Vorsitzenden erworben. ». . . und nun hat unser

lieber Willi, viel zu früh mit 85 Jahren das Notenheft für immer aus der Hand gelegt. Keiner konnte das Ave Maria eindringlicher intonieren.« Der Vorsitzende schaut starr ins Grab, sein Gesicht zittert vor Ergriffenheit. Als letzten Satz will er seinem Sangesbruder Wilhelm noch etwas ganz Besonderes mit auf die lange Reise geben. Er ballt seine rechte Hand zur Faust, blickt in einer Mischung aus Erschütterung und Aufforderung ins Grab und sagt mit belegter Stimme: »Und Willi, tu uns einen Gefallen, bleib g'sund.«

Der Bass Herrmann hatte sich als Gruppenleiter bei Mercedes-Benz den letzten Gruß sämtlicher Abteilungen verdient. Luigi, ein liebenswerter Italiener und Mitarbeiter, der deutschen Sprache aber noch nicht völlig mächtig, vertritt die ausländischen Arbeitnehmer. Stolz und würdevoll tritt er ans Grab, legt seinen Kranz nieder und sagt: »Wir haben alle gesammelt für dich für einen Kranz. Drei Mark sind von mir. Du haben immer so guten Most heraufgeholt aus Keller, schade, daß du verrecke.«

Ein tragischer Verkehrsunfall hatte Ingrid, erst 35 Jahre alt, aus dem Leben gerissen. Als wir sie beerdigten, fühlte jeder mit dem um sie trauernden Sangesbruder. Mir fiel auch nicht die kleinste Aufmunterung ein, womit ich sonst versuche, vor allem mir selbst, die Beklommenheit von der Seele zu reden. Keinem fiel etwas ein, das die bedrückte und traurige Stimmung hätte heben können. Mir tat der Mann leid. Sofort fielen mir die zwei Kinder ein, die so jung ihre Mutter verloren hatten. So wartete ich nur darauf, daß der Witwer die Trauerfeier verließ, um auch endlich von diesem Ereignis wegzukommen. Als ich schließlich hinter ihm und seinem Freund hergehe, bekomme ich ungewollt folgendes Gespräch mit. Der Freund: »Du, Schorsch, die Kleine da vorn mit den langen blonden Haaren und der tollen Figur, das könnte irgendwann einmal deine neue Frau werden.« Der trauernde Witwer darauf: »Für wen hältst du mich? – Das ist mir schon aufgegangen, als sie auf den Friedhof kam.«

Ein andermal wurde in meinem Auftrag telefonisch bei einem Gärtner mit den Worten ein Kranz bestellt: »Und auf die Schleife soll zunächst ›Ruhe sanft‹ auf beiden Seiten. Und wenn es noch geht, ›Auf Wiedersehen‹.« Kein Mensch guckt auf die Schleifen, wenn er den Kranz abholt, ich auch nicht. Mit dem Kranz kam ich zur Beerdigung, legte ihn nichtsahnend auf das Grab und ziehe die Schleifen schön ordentlich auseinander und traue meinen Augen nicht. Auf den Schleifen steht: »Ruhe sanft auf beiden Seiten und wenn es noch geht, auf Wiedersehen.«

Diese und andere Erlebnisse brachten mich zu der Überzeugung, daß Leben und Tod wirklich ganz nahe beieinander liegen müssen. Die wohl einzige Garantie, die wir alle tatsächlich haben, ist, irgendwann einmal sterben zu müssen. Vieles scheint mir bei diesem Gedanken überflüssig zu sein, die zahlreich unterschriebenen Verträge, die uns an Geschäfte und Freundschaften ermahnen, die uns an die eigene, doch aus Liebe geheiratete Frau binden – sie können von heute auf Morgen hinfällig werden; oder die Ereiferung und Parteinahme für Dinge, die zu Wortwechsel von Bösartigkeiten und Gemeinheiten führen – alles erscheint mir dabei nichtig. Das Leben beinhaltet doch ein sich Vorbereiten auf den sicher kommenden Tod, ein ganzes Leben haben wir Zeit, so glaube ich, uns auf den Tod vorzubereiten, ihn zum Freund zu machen. Wie ein 80jähriges Mitglied meiner Chöre unlängst zu mir sagte: »Das einzige, was ich habe, sind die Singstunden mit dir. Es ist mir jedesmal eine Freude, aber langsam ist es genug. Ich freue mich auf den Tod.« Er erzählte es ohne Furcht, mit einem fröhlichen Lachen, trank dabei wie selbstverständlich sein Viertel Wein. Er hat sich den Tod zum Freund gemacht. Wir haben ihn aus unserer Gesellschaft verdrängt, abgeschoben in die Krankenhäuser. Ich behaupte, das ist ein Grund dafür, daß wir teilweise verlernt haben zu leben.
Anfangs, als junger zuversichtlicher Mann, hatte ich mir dar-

über natürlich keine Gedanken gemacht und war mitunter nur froh, wenn durch amüsante Ereignisse bei Trauerfeiern der Druck von mir genommen wurde. Damals war ich auch gerade erst 18 Jahre alt, ein Zeitpunkt, an dem die Fischer-Chöre ihre Geburtsstunde hatten.
Es war keine »schmerzhafte« Geburt, keine lange dauernden Wehen, ja, ich glaube, ich bin mit der Idee nicht einmal »schwanger gegangen«. Plötzlich waren sie da, die Fischer-Chöre. Sie hatten sich aus meiner engagierten Chorleitertätigkeit für verschiedene Gesangvereine ergeben. Damals halfen Naturalien mehr als Geld, und die Chöre »fütterten« mich und meine Familie damals durch. Wahrscheinlich ist das auch der Grund, weshalb ich 30 und mehr Jahre später Angebote, ganze Sängerbünde in Kanada und den USA zu übernehmen, ausschlug. Meine Chöre waren mir treu in den Anfängen, jetzt bleibe ich ihnen treu. Die Mitglieder der Chöre opfern ihre Freizeit, ihren Urlaub. Spaßeshalber habe ich einmal ausgerechnet, wie viele Tage ein Sänger oder eine Sängerin im Jahr unterwegs sind, wenn sie jeden Vereinstermin einschließlich dem Singen in den Fischer-Chören wahrnehmen. Es sind, kaum zu glauben, genau 160 Tage im Jahr. Für dieses Engagement kann ich nur danken. Dennoch ist die Zusammenarbeit, man bedenke die Größe der Chöre, nicht ganz problemlos.

Ein bißchen Organisation

Die Fischer-Chöre bestehen aus 13 Gruppen mit jeweils einem Gruppenleiter mit der Bezeichnung Vorstand, der als engster Kontaktmann zum Dirigenten fungieren sollte, es aber leider meistens nicht ist. Der Grund ist verständlich und plausibel und liegt nicht nur in den Eigeninteressen eines Vorstandes, die er wahrnehmen soll. So denkt er naturge-

mäß lokal an seinen Ort gebunden und auf seinen Chor bezogen. Die Idealbesetzung eines Vorstandes für mich hingegen wäre ein Mann, der etwas globaler denken würde, lokal aber den Eindruck erweckt, es sei umgekehrt. Leider ist dies aus irgendeinem Grund nicht einzurichten.
In dieser Zusammensetzung bleibt mir dann häufig nichts anderes übrig, »als die Tenöre zu kritisieren, wenn ich die Bässe meine«. Dieser Teil meiner Arbeit ist oft schwierig und läßt sich nur aus der momentanen Situation heraus klären. Fernsehleute werden so z. B. nie begreifen, wenn ich zwischen der ersten Probe und der Hauptprobe in ein Flugzeug steige, kurzerhand nach Stuttgart fliege, mit einem Taxi oder dem eigenen Auto zur Hochzeit eines Sängers fahre, dort gratuliere, ein zwei Lieder dirigiere, mich wieder ins Flugzeug setze und zur Probe rechtzeitig, wenn auch etwas abgekämpft, wieder im Studio erscheine.
»Du hast doch ne Macke«, provozieren die, die es sich trauen, »komm, laß uns doch lieber gemütlich irgendwo ein Bier trinken, was essen, und dann rutschen wir gemütlich die Haupt- und Generalprobe runter.«
Andere schütteln nur ihren Kopf über den »bescheuerten Fischer« und sagen gar nichts. Es ist für sie auch schwer verständlich, aber ich lebe von meinen Chören und ich lebe für sie. Ihre Arbeit könnte ich nicht honorieren, ich glaube, kein Mensch könnte das. Nur ein kleines Beispiel dafür, was es heißt, mit Massen zu arbeiten, später kommen noch weitere: Wenn ich mit meinen Chören nach einer Veranstaltung in fünf oder mehr Bussen nach Hause fahre, dann überlege ich mir schon, ob ich an der Autobahnraststätte anhalten kann. Einmal Toilette für alle und eine Tasse Kaffee, und es kostet mich 3000 Mark, Händewaschen für alle natürlich inbegriffen.

Aber nicht nur in diesem Punkt sind sich alle Chöre dieser Welt ähnlich, auch in ihren persönlichen Belangen und Ansprüchen gleichen sie einander: Der 70jährige, Ehrenmit-

glied in einem meiner Chöre angeschlossenen Männergesangverein, hätte überhaupt kein Verständnis dafür, wenn das Bundespräsidialamt anrufen und ausgerechnet mich an seinem Ehrentag mit einem Teil der Chöre zum Empfang einladen würde und ich das auch noch für wichtiger hielte, als bei seinem Ständchen dabeizusein.
Heiratet ein Chormitglied, und ich bin genau an diesem Tag zum Bundeskanzlerfest eingeladen, dann meint dies Chormitglied womöglich: »Dieser Blödmann geht zum Bundeskanzlerfest, dabei ist das jedes Jahr aber meine Hochzeit, die ist nur einmal im Leben.« Oder, ein Mitglied hat Taufe seiner Tochter. Es würde nie begreifen, daß ein Auftritt der Fischer-Chöre im Fernsehen am selben Tag unter Umständen wichtiger sein könnte, als das für die betreffende Person sicherlich herausragende Ereignis.
Geht es um das eigene »Ich«, um die eigene Person, dann können Weltmeisterschaft und Papstaudienz geradezu uninteressant und lapidar gegenüber der eigenen Angelegenheit werden. Mit diesen oft persönlichen Konflikten und Spannungen, jedes einzelne Chormitglied zu berücksichtigen, lebe ich und muß ich arbeiten. Eine mitunter anstrengende und aufreibende Tätigkeit. Wie oft fliege ich hin und her, versuche es jedem recht zu machen, vergesse zum Teil über den Zwang zum Taktieren und über das Taktieren schließlich selbst meine eigentliche Aufgabe, verliere Ziele aus dem Auge.
Nach meiner Erfahrung kann ein Chor meistens 20 Jahre halten, bevor er aus möglichen und unmöglichen Gründen auseinanderbricht. Die ganz großen Dirigenten wie z. B. Karajan oder Bernstein meinen, man dürfe und solle eigentlich nicht länger als 10 Jahre mit einem Orchester oder Chor arbeiten. Man müsse wechseln, weil spätestens dann die Lässigkeit, Gleichgültigkeit komme, die Kunst zur Routine würde und keine neuen Impulse erhielte. Aus Rücksicht und Dankbarkeit und weil ich glauben will, es geht noch weiter vorwärts, möchte ich mich nicht von den Stammchören trennen.

Soviel ist in den ganzen Jahren gewachsen, Freundschaften, Bekanntschaften, gleiche Erinnerungen. Manchmal vergleiche ich es mit einem alten Ehepaar: Eigentlich kann man den anderen in seinen Schwächen kaum noch ertragen, aber man liebt ihn noch wegen seiner Stärken, wegen der gemeinsamen Erlebnisse. Man weiß, daß ein Neuanfang mindestens die gleichen, wahrscheinlich größere Schwierigkeiten für beide Partner mit sich bringt. Für mich sehe ich noch einen weiteren Bezug zur Ehe: Je professioneller, bekannter und sachlicher die Zusammenarbeit wurde, desto mehr stand zwar der Erfolg oben, aber in gleichem Maß nahmen die in Erinnerung gebliebenen heiteren Begebenheiten ab. Vielleicht liegt es daran, daß man sich grundsätzlich, weil neu und ungewohnt, mehr an die Anfänge erinnert als an die fortlaufende Entwicklung, mit der man lebt und wächst. Ich denke gern an den Beginn der Fischer-Chöre zurück, zum Beispiel an Horst, einen hervorragenden Sänger.
Er hatte sich im Chor angemeldet. Seine Probenbesuche waren regelmäßig. Aus unerklärlichen – besser uns unerklärlichen – Gründen blieb er eines Tages fort. Es dauerte schätzungsweise ein halbes Jahr, bis mich der Vorsitzende dieses Vereins ansprach: »Sollten wir uns nicht um Horst kümmern, es wäre doch schade, wenn eine so gute Stimme verlorenginge, meinst du nicht auch?« Ich konnte dem nur zustimmen. Als erster Baß war Horst in diesem Verein geradezu unersetzbar.
Den gefaßten Entschluß setzte der Vorsitzende bei seinem Besuch in die Tat um und überfällt die Frau von Horst mit einem Wortschwall: »Ihr Mann ist so ein ausgezeichneter Sänger und plötzlich kommt er nicht mehr zur Probe. Es wäre doch schade, wenn ein solches Talent dem Gesang und unserem Verein verlorenginge.« Dabei blickte er in ein verständnisvolles Gesicht der Frau. Die beiden unterhielten sich noch ein paar Minuten. Sie versprach gelassen, mit ihrem Mann darüber zu reden, und er verabschiedete sich voller Hoffnung, ein wertvolles Mitglied für den Verein gerettet zu

haben. Die Tür schloß sich leise hinter ihm. Als er am halbgeöffneten Küchenfenster vorbeiging, erlebte er den nicht gerade geräuschlosen Tod sämtlichen Geschirrs mit. Dazu vernimmt er die Stimme von Horsts Frau: »Dieser Kerl, rumms, erzählt, rumms, mir, rumms, er geht zur Probe, rumms, jeden Donnerstag, rumms, na der soll mich, rumms, kennenlernen, rumms.«

An die Einladung zum 100jährigen Jubiläum eines Nachbarvereins an den Vorstand eines Gesangvereins aus der näheren Umgebung meines Heimatortes, kann ich mich noch gut erinnern. Bei der Generalversammlung beschloß man, die Feierlichkeiten mit der Vereinsfahne zu besuchen und den Weg bis zum Festplatz zu Fuß zurückzulegen, mit der Fahne voran quer durchs Dorf. Aus mir jetzt nicht mehr so geläufigen Gründen wurde auch ich eingeladen, mitzumarschieren. Als wir frohgelaunt bei den ersten Häusern des Dorfes ankommen, wundern wir uns über mangelnde Dekoration. »Es müßte doch ein Spruchband zu sehen sein«, regen wir uns auf. Nach weiteren 100 Metern kommt eine Frau aus der Tür und sagt: »Das ist aber nett, daß ihr uns auch mal besucht. Wo wollt ihr denn hin?« Die Antwort konnte nur lauten: »Zum 100jährigen Bestehen des Gesangvereins.« Unter Lachtränen eröffnete uns die Frau: »Da müßt ihr auf den Tag genau ein Jahr später wiederkommen.« Der Jubiläumsverein hatte die Einladungen so rechtzeitig verschickt, damit die eingeladenen Vereine lange vorher planen konnten; für uns jedenfalls eine so ungewohnte Situation, so daß wir uns gleich um ein Jahr irrten. Dem so ungewollt entstandenen Fest tat es keinen Abbruch. Wie ein Mann stürmten wir alle das nächste Gasthaus und feierten länger als das eigentliche Gründungsfest im folgenden Jahr.

Ein andermal war es schon zu fortgeschrittener Uhrzeit, als wir in eine Gaststätte einfielen. Der Wirt wollte unbedingt, daß wir bei ihm auftreten. Wir hingegen wollten nicht und

so im Spaß meinte ich zu ihm: »Aber doch nicht in dem Saal. Da müssen Sie Ihren Festsaal schon von Grund auf renovieren. Die Tapeten da, die gefallen mir nicht, und die Fenster müssen raus. Wir brauchen Schallisolierung. Mit der Bühne geht das so auch nicht. Die muß viel größer werden. Und wie sehen denn die Stühle und Tische aus? – Nein, alles raus und neu, sonst kann ich meinen Chören nicht zumuten, hier aufzutreten.« Der Wirt machte einen Termin mit mir aus, »im nächsten Jahr zur gleichen Zeit«. Ich sagte »ja« in voller Überzeugung, daß er den Spaß verstanden hätte.
Genau nach einem Jahr klingelt bei mir das Telefon, am anderen Ende der Leitung der Wirt: »Wo bleibt ihr denn?« Ein volles Jahr hatte er sich nicht mehr gemeldet, meine Beanstandungen für bare Münze genommen und seinen Festsaal für 120 000 Mark komplett renoviert, damit wir ihn für »würdig befanden«, darin aufzutreten. Mir wurde heiß und kalt. Der Saal war vollbesetzt. Der Wirt hatte die Veranstaltung in seinem Dorf plakatiert, und wir konnten nicht kommen. Mit schlechtem Gewissen holten wir die »vereinbarte Veranstaltung« 14 Tage später nach.

Ein einziges Mal half ich, als eine Blaskapelle keinen Dirigenten hatte, kurzentschlossen aus. Die Titel der zu spielenden Lieder wurden nicht genannt, man rief sich eine Zahl zu, die dann im Notenbuch für Märsche aufzuschlagen war. Das erste Tenorhorn muß diese Zahl gründlich mißverstanden haben. Zunächst wunderte ich mich über die falsche Tonart, die dann aber bange zweieinhalb Minuten dauern sollte. Das Tenorhorn spielte unbeirrbar und zielstrebig »Zum Städtele hinaus«, die anderen »Freiweg«. Vergeblich versuchte ich, den »Musiker« leiser zu bekommen, auf seinen Fehler aufmerksam zu machen. Er blickte mich verständnislos an und gab sich besondere »Mühe«. Zweieinhalb lange und immer länger werdende Minuten hatte er nicht bemerkt, daß er ein völlig anderes Lied spielte. Wegen seiner wohl absoluten Unmusikalität lief mir der Angstschweiß über das Gesicht. Das

10 Fischers Terminkalender, Rund um die Uhr ohne Rast noch Ruh
11 Im Hotel angekommen, Koffer über Koffer der Fischer-Chöre

12 Fischer-Chöre vor dem Abflug
Sie freuen sich auf Amerika

13 Sing mit den Fischer-Chören
ZDF-Fernsehserie im Hamburger Hafen

Risiko mit einer Blaskapelle bin ich in meinem ganzen Leben nicht mehr eingegangen.
Bis zum folgenden Erlebnis, bei dem ich mit dem Chor bei einem Sängerwettstreit mit ein bißchen Glück noch den vorletzten Platz hatte belegen können, hatte ich immer angenommen, Verlieren sei keine Schande. Wir trauten uns kaum nach Hause, nachdem wir doch am Morgen so siegesgewiß unter Beifall mit der vor uns herflatternden Vereinsfahne aus dem Dorf ausgezogen waren. Voll der Schmach und des Weines warteten wir die Dunkelheit ab. Jeder benutzte einzeln einen ihm bekannten »Schleichweg« zu seiner Wohnung. Der Fahnenträger hatte den »schwarzen Peter«. Wohin mit der Vereinsfahne, die er noch ununterbrochen vor dem Wettstreit geschwungen hatte. Er sah nun keine Veranlassung, die Schmach des ganzen Chores auf seinen schmalen Schultern heimzutragen, und schleuderte kurzerhand die mehr als fünfzigjährige Vereinsfahne – ein teures und kunstvoll besticktes Stück – voller Zorn in ein Getreidefeld. Sichtlich erleichtert schlich dann auch er sich in sein Bett. Zu seinem Pech konnte er sich am Tag darauf nicht daran erinnern, wo er die Fahne »verloren« hatte. Ein Bauer brachte sie, oder genauer das, was von der Fahne übriggeblieben war, nach einigen Monaten mit entschuldigender Geste ins Vereinsheim zurück. Er hatte sie versehentlich mit seinem Traktor zerfetzt. Uns blieb nichts weiter übrig, wir mußten den nachlässigen Fahnenträger auf der nächsten Versammlung abwählen.

Aus lauter Freude über einen ersten Preis beim Kreissängerfest »besetzten« wir, bewaffnet mit Trinkbarem, die Hauptdurchgangsstraße. Alle Autos mußten wohl oder übel diesen Punkt umfahren, was in der Mehrzahl sogar ohne Murren geschah. Es war ein knallheißer Hochsommertag, an dem wir auf dem Asphalt saßen, sangen, tranken und uns über unseren Sieg freuten. Am Abend wurde es etwas kühler, wir saßen immer noch da, voll der Freude und des Weines. Als wir schließlich aufbrechen wollten, hatten drei Männer extreme Schwierigkeiten hochzukommen. Wir glaubten zunächst, sie hätten zu tief ins Glas geschaut. Zu unserer Verwunderung stellte sich aber dann heraus, daß sie mit ihren Hosen bei der knalligen Hitze leicht in die Teerschicht gesunken und nach dem Abkühlen des Asphaltes festgebacken waren. Es blieb ihnen keine andere Möglichkeit, entweder auf der Straße sitzen zu bleiben oder aus den Hosen zu steigen, was sie unter tosendem Beifall der anderen dann auch taten.

Es war nach einer Singstunde, es fällt mir nicht mehr genau ein, wann dies geschah, jedenfalls schleppten wir Hans nach Hause. Er war nicht nur ein großartiger Tenor, sondern auch ein ebensolcher »Schluckspecht«. Unter letzterem hatte seine Frau schon jahrelang zu leiden. Als wir an seiner Tür ankommen, ist diese verschlossen. Nach mehrmaligem Klopfen ruft er zaghaft: »Liebling, mache bitte auf, ich bin es.« Als sich nichts rührt, wiederholt sich das Ganze. Schließlich wird es ihm offensichtlich zuviel und er brüllt zum Schlafzimmerfenster hinauf: »Alte mach auf, sonst freß ich dich.« Endlich kommt ein Lockenkopf zum Vorschein, der hinunterruft: »Das denk ich mir, wenn ich was zu Saufen wär', wär' ich schon lang weg.«

Doch aller Spaß, den wir miteinander hatten und noch hoffentlich haben werden, darf nicht über die Probleme hinwegtäuschen, die auch existieren. In meinen Anfängen habe ich mir oft gesagt, »gehe zu den Alten, bei denen kannst du was lernen«. Das habe ich auch getan. Und heute? Heute kann ich nirgendwo mehr hingehen. Ich bekomme keine Antworten mehr, nicht, weil die anderen nicht wollen, sondern weil sie nicht können. Lobe ich vor ehrlicher Begeisterung einen wirklich guten Sänger, einen Amateur, mit Worten zum »Deutschen Meister«, er wird sich über kurz oder lang vorkommen wie der Profi-Weltmeister und wird sich auch so verhalten, wird plötzlich Ansprüche stellen, bei denen selbst Profis vor Neid erblassen.

Ich habe persönlich nichts gegen den Ehrgeiz in den einzelnen Chören, im Gegenteil, Verständnis dafür, daß die einzelnen Vorstände für ihren Eigenverein mehr übrig haben als für die gesamte Gruppe der Fischer-Chöre. Aber dabei muß ich erwarten, daß sie dennoch das Ganze im Auge behalten, das Überregionale. Ohne eine Oberleitung, sei es von mir oder irgendeiner anderen Person, sind die Aussichten landes- oder gar weltweit zu arbeiten und Erfolg zu haben, so gut wie unmöglich. Andererseits sind die Vorstände, wie schon gesagt, völlig im Recht und für ihre Belange zu akzeptieren. Denn käme einmal wirklich ein gescheiterer »Kerl« daher, der es in meinem Sinne versuchen würde, alles richtig zu machen, würde er es vermutlich doch falsch machen, weil er in seinem ungebrochenen Elan die tatsächlichen Bedürfnisse der Vereinsmitglieder übersehen würde. Dies vor Augen, werden wir uns halt weiter miteinander herumschlagen. Weil ich aber auch weiß, daß diejenigen, die es betrifft, ohnehin meinen, sie könnten bei einer Kritik unmöglich gemeint sein, wage ich mich noch einen kleinen Schritt weiter vor. Es geht um den Verein schlechthin:
Zumeist handelt es sich bei dieser Art menschlichen Zusammenschlusses um eine freiwillige Einrichtung, zu deren Gründung sieben Personen notwendig sind, mit dem Ziel, gemeinsam einer Sache, Hobby, Sport, Vergnügen etc. zu dienen. Für viele eine Art Ersatzfamilie, von der sie im Gegensatz zur eigenen glauben, ein »freies«, unkompliziertes, von Zwängen und Problemen befreites Zusammenleben vorzufinden. Eine Vermutung, die letztlich an der Realität und auch an der Zusammensetzung eines Vereins zerbrechen muß. Sind es denn nicht die gleichen Menschen im Verein wie in der Familie, im Beruf, in der Gesellschaft? Es gibt ebenso Animositäten, Eitelkeiten, Gerangel um Macht. Kein besetzter Vorstandsposten kann so unbefriedigend sein, als daß ihn nicht ein anderer besetzen möchte oder glaubte, die damit verbundenen Tätigkeiten besser im Griff zu haben. Auch hier werden Ausgleiche zum täglichen Leben gesucht.

Es wird geboxt, gezerrt, gefoult. Aber es wird auch gelacht, gefeiert, gesungen, viel Gemeinnütziges geleistet, und darum liebe ich die Vereine und sehe sie von ihrer positiven Seite. Auf meinen Bereich bezogen, sind mir natürlich die am unangenehmsten, die schon am Arbeitsplatz nur Schwierigkeiten haben, aber aus Versehen eine schöne Stimme besitzen, denn die stellen wie selbstverständlich Ansprüche, die geradezu astronomisch sind.

In diesem Gewühl von »Menschlichkeiten« in allen Schattierungen komme ich mir manchmal recht verloren vor, an den Rand gestellt. Aber jegliche negative Erfahrung kann das Positive der Fischer-Chöre bei weitem nicht aufwiegen. Im Laufe der Zeit stellten sich die Chöre sogar als »Eheanbahnungsinstitut« heraus. Blicken sich junge Menschen singend in die Augen, kommen sie sich schneller näher, bei älteren Menschen sinkt die Hemmschwelle, man lernt sich durch gemeinsame Lieder kennen. Mehr als 260 Ehen bahnten sich bei regelmäßigen Chorveranstaltungen an. Doch eine Ehe haben wir auch schon verhindert, gleich in den Anfängen der Fischer-Chöre und kurz bevor auch meine Ehe dann geschlossen wurde.

Eine Chorprobe war angesetzt. »Jupp«, ein Sangesbruder, machte an diesem Tag einen verbitterten Eindruck. Auch stimmlich schien er nicht so auf der Höhe wie sonst. Besorgt fragte ich ihn: »Hast du was? Was ist denn los mit dir?« Er winkte nur ab und gab sich redliche Mühe, aber kaum eine hörbare Besserung trat ein. Nach einer Stunde brach ich die Probe ab und ging mit Josef und einigen Sängern in die nächstliegende Gaststätte, um ihn aufzuheitern. Auch dies Unterfangen wollte nicht gelingen. Endlich nach dem dritten oder vierten Schnaps kam er mit dem Grund für seine Bitternis heraus: »Morgen habe ich Hochzeit.« Wir waren mehr als überrascht, vor allem deshalb, weil wir glaubten, daß eine bevorstehende Hochzeit etwas fröhlicher stimmen sollte, als wir seinem Gesichtsausdruck entnehmen konnten. Aber wir kannten den Grund wohl: Seine Zukünftige

wollte nicht ihn heiraten, sondern seinen großen Besitz. Sie hatte ihn so in die Enge getrieben, endlich zu heiraten, ihm sein »Ja« entlockt, und er als gutmütiger Mensch hatte nichts dagegen unternommen. Josef war aber eine Art von Mensch, der lieber eine Bürde fürs Leben auf sich nimmt, als einmal sein gegebenes Wort zu brechen. Deshalb konnten wir ihn auch so gut leiden.
Schrecklich klagte und jammerte er an diesem Abend über das bevorstehende Ereignis. Nach dem zehnten Schnaps ließ er sich plötzlich schon etwas schief zu dem Satz hinreißen: »Wenn ihr das schafft, diese Hochzeit zu verhindern, dann sind für zwei Monate die Runden nach den Singstunden für euch frei. Ich bezahle alles!« Wenn es für den einen oder anderen bis zu diesem Zeitpunkt noch Skrupel gegeben hätte, ihm aus dem vermeidbaren Debakel zu helfen, spätestens mit diesem einen Satz waren sie ausgeräumt. Wir zwinkerten uns siegessicher zu. Es bedurfte also keinerlei weiterer Formulierungen. Jeder trank mit ihm solange Schnaps, bis in ihn nichts mehr hineinging. Aus eigener Kraft auf die Füße zu kommen, wäre für »Jupp« ein schier unerreichbares Unterfangen geworden. Er versuchte es auch gar nicht erst. Der Wirt warf uns schließlich raus, lange nach der Polizeistunde. Wir hieften Jupp in eines unserer Autos und schafften ihn in ein ca. 50 Kilometer weit entferntes Hotel. Dort nahmen wir für ihn ein Zimmer und legten ihn ins Bett, welches er vermutlich für sein eigenes hielt.
Die Hochzeit war am nächsten Morgen um 11 Uhr. Natürlich wollten wir wissen, was da auf dem Standesamt vor sich ging. Mit leicht geröteten Augen, aber in Festanzügen kamen wir mit einem Teil des Chores auf dem Gemeindeamt an, in der »Absicht«, den Eheleuten ein Ständchen geben zu wollen. Braut, Trauzeugen, alle für eine Hochzeit wichtigen Personen waren eingetroffen. Jeder schaute aufgeregt auf seine Uhr, die Minuten, Viertelstunden verstrichen. Josef kam nicht. Hinterlistig erlaubte ich mir zu fragen: »Der Jupp wird uns doch wohl nicht sitzenlassen?« Sie warf ihren Kopf im-

mer noch von sich überzeugt in den Nacken und antwortete höhnisch: »Der mich? Das traut der sich nicht, nicht mit mir!« Innerlich durchfuhr es mich lächelnd: »Seelig sind die Schlafenden. Jupp, tue dir einen Gefallen und wache jetzt bloß nicht auf.« Es vergingen noch einige lange Viertelstunden. Plötzlich stand die Braut auf, schrie hysterisch über den Flur des Standesamtes: »Nicht mit mir. Der Kerl ist für mich gestorben!« packte ihren Anhang und verließ wutschnaubend die Stätte der ansonsten Glücklichen.
Noch nach Jahren gab uns Jupp immer mal wieder einen aus, so froh war er darüber, daß wir ihn wie »scheintot« alkoholisiert hatten und er für seine Braut dann tatsächlich »gestorben« war.
Meine eigene Hochzeit hingegen wollte ich nicht verhindern. Sie fand 1949 in der Waldkirche statt. Außer meiner Frau Hilde und mir erschienen ihre Eltern, eine meiner Tanten sowie ein Fremder als Trauzeuge. Das anschließende Hochzeitsessen bestand aus »russischen Eiern«, die am Vormittag noch auf dem Land organisiert wurden. Die Eheringe waren schon gegen vier Stallhasen getauscht worden, und es entwickelte sich eine lustige Hochzeit. Maßgeblichen Anteil daran hatte das im Krieg zerschossene und noch nicht wieder restaurierte Harmonium. Wir stimmten zum Finale den Choral »Jesu geh voran« an. Das Harmonium brachte aber nur jeden dritten Ton hervor, der Rest war ausschließlich Luft, was sich musikalisch dann so anhörte: Jesu pfft pfft - ran, auf der pfft pfft - bahn.
So nebenbei erwähnt, ging eine Eheanbahnung der Fischer-Chöre als »Hochgeschwindigkeitsheiraten« in die Analen des Chores ein. Der Zufall wollte es, daß durch einen Buchungsfehler für ein Sängertreffen auf der Schwäbischen Alb ein Mann und eine Frau, die sich zuvor nie gesehen hatten, zusammen in einem Zimmer untergebracht werden sollten. Es war schon spät, eine Änderung hätte viel Mühe und Komplikation verursacht. Die beiden gaben ihr Einverständnis, die Zimmerbuchung beim alten zu lassen, mit den Worten:

»Schließlich sind wir erwachsene Menschen. Was soll da schon passieren.« Vier Monate später hatten sie Hochzeit, weil es »höchste Zeit« war.
Die Fischer-Chöre bedeuten für mich Spaß, Auseinandersetzung, Arbeit, aber auf jeden Fall immer den Umgang mit vielen Menschen. Treten wir miteinander eine Reise an, haben die Dörfer und Kleinstädte, aus denen die Sänger kommen, unter Umständen »Hochkonjunktur«. Die Frauen suchen den Frisör auf, kaufen das eine oder andere neue Kleid. Der Busunternehmer jubelt über den Reiseauftrag. Bei Bäcker und Fleischer stehen die Leute Schlange, um für Lunchpakete einzukaufen. Fallen die Chöre in ein Dorf ein, um Rast zu machen, ist für die dortige Gastronomie in einem Tag der ganze Urlaub »drin«. Ich versuchte einmal auszurechnen, wieviel Hektoliter Wein in den Jahrzehnten durch die Kehlen der Mitglieder geflossen sind. Ich gab es bald wieder auf, die Zahl wurde mir zu groß. Es bleibt immer wieder erstaunlich, wie leer doch die ehemals vollen Regale in den Geschäften ausschauen, wenn wir irgendwo Rast gemacht hatten.
In diesem Zusammenhang erinnere ich mich, daß einmal eine Rast auch dem Wirt Geld gekostet hat. Mit meinen Chören war ich wieder einmal unterwegs, ca. 600 Menschen. Eine Abordnung fuhr voraus, ein geeignetes Gasthaus für uns ausfindig zu machen. Die Abordnung fand auch ein Lokal mit ca. 150 Plätzen innen und einer Gartenbestuhlung für weitere 400 Mann. Auf die Frage, »hätten sie denn auch genug Wein, wenn wir sämtliche Plätze besetzen würden?« lachte der Gastronom und beging einen für ihn folgenschweren Irrtum, »wenn ihr das schafft, meinen Weinkeller leerzutrinken, dann schenke ich euch den Wein«. Man nahm ihn beim Wort. Es kam der erste Bus, der zweite, der dritte und so weiter. Von Bus zu Bus verlängerte sich das Gesicht des Wirtes. Seinen für unerschöpflich angenommenen Weinvorrat von 320 Flaschen tranken wir innerhalb einer dreiviertel Stunde aus. Aber trotzdem hat er an diesem Tag noch gut verdient. Am nächsten Morgen gab es in dem Ort keine

Wurst und kein Brot mehr. Der Wirt hatte es für uns organisiert. Zum Abschied sagte er verständlicherweise: »Kommt mal wieder!«

Unsere Auftritte sind in der Regel mit Urlaub, freigenommenen Tagen der Sänger und Sängerinnen verbunden. Die jeweiligen Arbeitgeber behandeln die Urlaubsanträge durchweg großzügig. Einmal glaubte ich, mich für die so bereitwillige Freigabe ihrer Mitarbeiter telefonisch bei einigen Arbeitgebern bedanken zu müssen. Ich kam aus dem Staunen nicht mehr heraus. Sie vertraten durchweg die Ansicht, daß sich ihr Entgegenkommen positiv auszahle. Die Sänger seien viel engagierter und finden es dann auch richtig, wenn mal an einem Wochenende gearbeitet werden muß oder Überstunden zu leisten sind. Besonders überraschte mich die barsche Antwort eines Chefs: »Wer zum Singen zu blöd ist, Herr Fischer, der ist auch zum Arbeiten zu dusselig.« Es ist meine einzige Telefon-Dankaktion geblieben.

Kaum einer der Interessenten macht sich Gedanken darüber, was auf ihn an Kosten zukommt, wenn er die Fischer-Chöre einlädt. Bei allen Reisen innerhalb Deutschlands versuchen wir, ohne Übernachtung wieder nach Hause zu kommen. Das kann dann so aussehen: Wir fahren nachts los, treten tagsüber auf und fahren selbstverständlich in der folgenden Nacht wieder zurück. Selbst bei nur 300 Leuten wären für die Übernachtungs- und Verpflegungskosten – von den organisatorischen Problemen ganz zu schweigen – drei mit 6000 bis 8000 Besuchern besetzte Konzerte notwendig. Dann arbeiten wir aber immer noch ohne Gage.
Zufällig traf ich neulich Frank Elstner im Flugzeug. Er rief mir zu: »Weißt du, wann ich die Fischer-Chöre wieder einlade?« Erwartungsvoll fragte ich zurück: »Wann denn?« Er grinste und drohte mir an: »Nie mehr. Das ist nämlich meine einzige Veranstaltung gewesen, bei der ich Minus gemacht habe.« Die Umstände, die zu diesem besagten »Minus« führten, waren folgende: Als ich unlängst den Ehrenlö-

wen von Radio Luxemburg bekommen sollte, hatte mich Frank Elstner angerufen: »... und bring aber deine Chöre mit. Gage bekommt ihr keine, dafür zahle ich aber Fahrt und Essen.« Das Essen – es war nur Erbseneintopf mit einem Würstchen für jeden – und die günstig ausgehandelte Busfahrt haben genügt, ihn in der Gesamtabrechnung mit 23 000 Mark in die roten Zahlen zu schicken.
Selbst der Deutsche Fußballbund, an der Spitze mit Männern besetzt, so sollte man glauben, die mit Massen rechnen könnten, war einer Fehleinschätzung unterlegen. Als ich das tolle Angebot bekam, bei der Schlußfeier zur Fußballweltmeisterschaft 1974 in München mit meinen Chören zu singen, lautete der faire Gagenvorschlag des DFB: »100 000 Mark«. Schon vorausahnend schlug ich vor: »Wir wollen keine Gage. Es ist für meine Sänger, Sängerinnen und mich eine Auszeichnung, vor aller Welt singen zu dürfen. Es würde mir genügen, wenn der DFB die kompletten Spesen übernimmt, Fahrt, Übernachtung, Essen.« Nur zu gern stimmten die Herren zu. Schließlich sei es die Pflicht der Leitung einer jeden Organisation, so kostengünstig wie möglich das Gewünschte zu erreichen. Der Vertrag kam dann auch nach meinen Vorstellungen zustande. Als der DFB die Endabrechnung erhielt, stockte den Herren der Atem. Sie mußten 284 000 Mark überweisen, was sie zu meiner Überraschung ohne Murren auch taten.

Allerdings gehen nicht immer größer angelegte Veranstaltungen und Unternehmen der Chöre so glücklich aus. Als Gegenbeispiel sei unsere Amerikareise mit einem Gesamtaufwand von 1,4 Millionen Mark genannt. Leute, die schon »alles klar gemacht hatten«, stellten sich vier Wochen vor Reisebeginn als Nichtwissende heraus, und diejenigen, die angeblich die Reise finanzieren sollten, wußten am Ende nichts davon. Denjenigen, die eigentlich mit den falschen Versprechungen nichts zu tun hatten, setzte ich dann doch energisch die Pistole auf die Brust: »Entweder ihr zahlt, oder die Fischer-Chöre treten nie wieder auf, ich mache keine Platten und keine Veranstaltungen mehr. Ich kann meinen Sängerinnen und Sängern nicht vor die Augen treten und sagen, die Reise ist gestorben. Sie haben ihren Urlaub genommen, ihre Reisegarderobe gekauft und freuen sich seit langem auf diese Tour.« Es folgten harte Auseinandersetzungen, und sie zahlten dann doch mit viel Widerwillen; mich selbst hatten sie ebenfalls in die Pflicht genommen, mich an den Kosten zu beteiligen, was ich auch gerne tat.

Die vielen Menschen, mit denen ich grundsätzlich bei Veranstaltungen unterwegs bin, verursachten schon manches Problem, dabei aber auch viel Amüsantes. So sollten wir zu einem Auftritt mit 500 Männern und Frauen anreisen. Wie immer ist eine der wichtigsten Fragen die nach der Garderobe. Einige Male bestätigte uns der Veranstalter »Garderoben seien in ausreichendem Maße vorhanden.« Als wir ankamen, gab es zwei – eine für Männer, eine für Frauen. Das exakte Fassungsvermögen: genau fünf Personen. Wir mußten uns in den Bussen umziehen und waren uns einig, daß er wohl die Nullen hinter der Fünf nicht gelesen haben muß.
Ein andermal rief ein junger Fernsehredakteur bei mir zu Hause an. Ihm war auf die schnelle eingefallen, daß er für seine Show »unbedingt die Fischer-Chöre benötige«. »Kommen sie mit 500 Mann«, sprach er mich euphorisch an. Seine nächste Frage galt dem Honorar. Ich ließ wieder meinen in dieser Situation üblichen Spruch los: »Honorar ist nicht so wichtig, wir brauchen nur die Spesen.« Seine Reaktion kam jugendlich: »Ach was, Honorar gibt es trotzdem.« Fairerweise wollte ich ihn nicht um seine Karriere bringen und klärte ihn freundlich auf, was da auf ihn zukommen würde. Seine Stimme wurde immer leiser. Schließlich legte er mit den Worten auf: »Ich rufe Sie direkt wieder an, Herr Fischer.« Er muß wohl inzwischen gestorben sein; denn ich habe nie wieder etwas von ihm gehört.

Wieder sind wir zu einer Veranstaltung eingeladen. Telefonisch gebe ich die notwendigen Maße der Bühne durch: »...20 Meter lang, 15 Meter breit, vier Stufen.« Schnell kommt das »ok«, bis auf die Stufen, da fände sich bestimmt noch eine Lösung, seien das genau die vorhandenen Maße. Als wir ankommen, stimmen die Maße bis auf den Zentimeter. Nur leider waren es nicht die der Bühne, sondern die der ganzen Halle.

Unsere bisher teuerste »Privatvorstellung« hatten wir in Ulm in der Donauhalle. Der dynamische Agent der Veranstaltung kam mit seinem Anliegen zu mir nach Hause. Sämtliche Stars, die der Markt damals hergebe, habe er schon verpflichtet. Nun hätte er noch gerne, quasi als Krönung, die Fischer-Chöre. Einen Vertrag brauche man nicht zu machen, den hätten die anderen auch nicht. Vorsichtshalber erkundigte ich mich, aber es stimmte alles aufs Wort, was er gesagt hatte. Dennoch wäre Felix Krull vermutlich vor Neid erblaßt.

Am vereinbarten Tag sitzen wir in der Halle im Parkett mit 500 Personen; weitere, noch genau 21 Besucher finden Einlaß. Die Anzahl der Hallenordner unter ihnen ist mir unbekannt. Die Künstler auf der Bühne wundern sich, daß die Halle, in der immerhin ca. 3000 Leute Platz finden, so dürftig besetzt ist und die »da unten« noch dazu alle die gleiche Kleidung anhaben. »Seltsam ...«, dachten sie sich wohl, »aber schließlich sind 500 Menschen auch ein Publikum«, und veranstalteten ihre Show programmgemäß. Beim großen Finale gehen wir wie mit dem Agenten vereinbart, auf die Bühne und sehen uns noch genau 21 Zuschauern gegenüber, die Hallenordner übrigens nicht mitgerechnet. Für mich blieb es ein Rätsel, wie der Veranstalter es fertig brachte, die Halle nahezu leer zu belassen. Jedenfalls war er nach der Show nirgends mehr zu finden, die Suche gaben wir schließlich auf. Später, wenn ich z.B. mal mit Lena Valaitis – sie war auch einer der gefoppten Solisten – zusammentraf und auch nur das Stichwort »Donauhalle« verlauten ließ und wie beide in brüllendes Gelächter ausbrachen, konnten uns die anderen nie verstehen, standen kopfschüttelnd daneben.

Diesen »Streich« des vermeintlichen Agenten empfand ich für so gelungen, daß ich ihm im Grunde nicht böse sein kann. Ich glaube sogar, mit ihm noch nachträglich ganz gut zurechtkommen zu können. Immerhin besaß er ein gewaltiges Stück von dem Größenwahn, nachträglich betrachtet, der auch mich als 20jährigen »auszeichnete«.
Es war bei einem Jubiläumsfest des örtlichen Gesangvereins. Ein großes Festzelt stand schon auf dem Dorfplatz und ich wollte meinem Heimatdorf etwas Besonderes bieten. Ich fuhr nach Stuttgart, trat dort als gewichtiger Veranstalter auf und engagierte die allererste Truppe des Balletts vom Baden-Württembergischen Staatstheater.
Mit dem Bus reisten die Mädchen und Frauen freudig an. Ihr erster Kontakt mit dem Boden unseres Festplatzes war feucht. Mit ihren zierlichen Schuhen versanken sie dank eines vorher niedergegangenen Platzregens bis zu den Knöcheln im Schlamm. »O Gott, die fahren sofort wieder ab«, schoß es mir durch den Kopf. Immerhin kannten sie so große Häuser wie die Mailänder Scala, die Met, und ich konnte mir dabei nicht mehr vorstellen, daß sie große Lust haben könnten, mit verdreckten Schuhen ihr Dorfdebüt bei uns zu geben. Sie blieben. Soviel Frechheit eines jungen Burschen fanden sie für wert, belohnt zu werden.
Die Balletteusen betraten unter rauschendem Beifall das Festzelt und bekamen beim Anblick der notdürftigen Bühne einen Lachkrampf. Breite Spalten zwischen den Brettern ließen den Grasboden durchscheinen. Wären sie auf dieser Bühne aufgetreten, hätten sie sich nacheinander die Knöchel gebrochen. Ein Schreiner fand sich im begeisterten Publikum, der die Bühne notdürftig reparierte. Die Gefahr war weitestgehend gebannt, und das Ballett des Staatstheaters trat auf. Sie tanzten den »Sterbenden Schwan« von Tschaikowski zur

Musik der Dorfkapelle, bei der, wie sollte es auch anders sein, vier Instrumente mindestens fünfstimmig klangen. Die Musiker spielten in ihrer Begeisterung so »schräg«, schräger ging's nicht mehr.
Der ehrliche und frenetische Applaus des Publikums mußte die Damen aus Stuttgart wohl für meine Frechheit entschädigt haben. Alle blickten mich wohlwollend nachsichtig lächelnd an. Später waren sie sogar froh, daß wenigstens die Gage gestimmt hatte: Ein Zentner Kartoffeln für jede, ein paar Leberwürste und ein Laib Brot.

Einmal passierte es sogar mir, die große Anzahl Menschen in meinen Chören zu unterschätzen. Bei der Einweihung der Schwabenlandhalle in Fellbach hatte man eine Bühne errichtet, die an Ausstattung nichts zu wünschen übrig ließ. Probleme mit der Statik sollte es also nicht geben. Aber wir alle hatten nicht daran gedacht, daß bei einem musikalischen Einsatz auch Bewegung übermittelt wird. Mit einer Handbewegung versetzte ich den ganzen Chor in Aktion. Durch den ersten Takt des Deutschlandliedes übertrug sich diese Aktion auf 500 Sänger und Sängerinnen. Das war doch zuviel für die Bühne, sie krachte zusammen. Mein Chor war bis zur Hüfte »versunken«.
Obwohl sich zahlreiche Sänger und Sängerinnen dabei verletzt hatten, sang der Chor ohne Pause das Lied bis zu Ende. Vom Publikum kaum bemerkt, versorgten Sanitäter und andere Helfer rund 100 Leute unter der Bühne.

Vor solchen und anderen Auftritten stehen selbstverständlich die Proben, nicht mit den gesamten Chören gemeinsam, sondern aufgeteilt in Untergruppierungen.

Eine ganze normale Probe

Bis auf vier Wochen im Jahr – da nehme ich Urlaub von den Chören – probe ich jeden Werktag mit den 13 Stammchören. Wie dies in etwa vor sich geht, möchte ich kurz schildern. Um 17 Uhr beginnt die Probe mit den Kindern. Mit wildem Geschrei stürzen die Jungen und Mädchen in den Saal. Worte und Sätze fliegen durch den Raum: »Wer darf in die erste Reihe, wer nimmt dem anderen den Stuhl weg. Straßenprobleme beherrschen die ersten Minuten. Wer hat im Spiel gegen wen verloren, wer gewonnen. Wer hat in Englisch eine Fünf, wer ist mit einer Vier davongekommen. Wie findet man den neuen Lehrer.« Die Tür geht auf, ich betrete den Raum. Ohne daß ich es jemals erwartet habe, springen die Kinder auf, rufen wie aus einem Mund, »Grüß Gott Herr Fischer.«
Ich kann natürlich nicht sogleich mit dem Singen beginnen. Fünf Minuten für die »Beruhigung« vergehen noch im Gespräch, »was war heute los«. Wieder setzt wildes Geschrei ein, jeder will etwas erzählen. Nach fünf Minuten haben sich die Kinder beruhigt, und wir singen zusammen Lieder wie »Der Mai ist gekommen«.
Öfters kommt es mal vor, daß ich z.B. für eine Fernsehaufzeichnung ein Lied wie »Wem Gott will rechte Gunst erweisen« einstudieren muß, und sich auf die Frage »wer von euch kennt dieses Lied?« kein einziger Finger hebt.
Da ich das Ergebnis schon ahnte, werden die vorbereiteten Texte verteilt und das Lied einstudiert. Aus meiner Erfahrung ist es erforderlich, den Kindern die neu zu lernenden Lieder als »brandneu« zu vermitteln. Sonst fehlt die Begeisterung und keiner macht so richtig mit. Auch wenn man Gefahr läuft, daß bei der nächsten Probe zu dem gerade genannten Beispiel ein paar Hinters-Licht-Geführte vermerken, »von wegen neu, das hat ja meine Oma schon gesungen«. Am Ende der Probe veranstalten wir ein kleines Wunschkonzert, wobei mich die Kinder mit ihren Wünschen nach den neuesten Schlagern jedesmal ins Schwitzen

bringen. Singend und fröhlich verlassen die Kleinen den Saal. Auf dem Gang gibt es schon wieder die ersten Rangeleien, die nächste Gruppe, die Jugendlichen warten bereits, 35 junge Menschen zwischen 13 und 16 Jahren, alle zeitlebens nie wieder so erwachsen wie gerade jetzt. Damenhaft, mit möglichst immer neuer Frisur, modischen Kleidern, blicken sie überlegen auf die Welt der Kinder herab. Von diesen Kindern trennen sie mindestens 100 Jahre, zum Erwachsenenchor beträgt der Altersunterschied schon ca. 500 Jahre. Gegenüber den Kindern sind sie das Jahrhundert »weiter«, der Erwachsenenchor ist die fünf Jahrhunderte »rückständig«. Entsprechend fallen denn auch die Begrüßungsworte aus. Die eine sagt: »Na, wie geht's«. Die andere grüßt mit: »Gestern die Haare gewaschen?« Eine Dritte bemerkt: »Die Jeansjacke steht Ihnen aber gut.« Das verleitet eine Vierte dazu: »Ach, die ist doch Asbach uralt.« Und es geht weiter mit: »Was gibt es Neues. – Ich habe die Noten vergessen. – Und überhaupt, zum Singen haben wir heute keine Lust.«
Gute zwei Minuten lasse ich sie ausreden. Die einzige Bewegung, die ihren Gesichtern noch anzumerken ist, rührt von Kaugummikauen. Die einen sitzen ganz normal, die anderen kennen die Wirkung ihrer Beine schon, schlagen sie graziös übereinander, senden provozierende Blicke mit Tiefenwirkung. Sie alle aber vermitteln den Eindruck, gnadenvoll die Probe über sich ergehen lassen zu wollen, so nach dem Motto: »Wenn wir schon hier sind, dann singen wir halt.«

Verläuft der Lebensweg dieser jungen Mädchen einigermaßen normal, dann kann ich von Glück sagen, die eine oder andere in den Erwachsenenchor hinüberzuretten. Der Rest wird sich zerstreuen. Aber nicht deshalb, weil es ihnen keinen Spaß mehr machen würde, sondern weil sie Angst davor haben, von ihren Klassenkameraden und Freunden verlacht zu werden, für die das Gemeinschaftsgefühl des Singens »altmodisch und nicht in« ist.
Doch zurück zur Probe, wir singen endlich. Wünscht sich

ein Mädchen zufällig ein Lied zum Geburtstag, kann man sicher sein, aus der anderen Ecke kommt der Spruch: »Das ist ja wohl das letzte.« Nach der überstandenen Probe folgt die Verabschiedung mit Worten wie: »Wiedersehen, Herr Fischer – Gotthilf, mach's gut. – Laß dich nicht verführen.«
Jetzt bleiben nur etwa zehn Minuten Zeit, das Notenmaterial gegen anderes aus meinem Auto auszutauschen. Ich komme wieder in die Gaststätte zurück, in deren »Festsaal« unsere Proben abgehalten werden. Früher als sonst üblich, sitzt schon ein Chormitglied an einem Tisch. Ich freue mich und sage aufmunternd: »Das finde ich aber gut, daß du schon so früh zur Probe da bist. Trink das Viertele auf meine Rechnung.« Der Sänger bedankt sich höflich mit einer angedeuteten Verbeugung und erwidert verschmitzt: »Ich danke schön, Herr Fischer, ich hatte drei.«
Um 20 Uhr beginnt schließlich die Probe für die Männer. 74 sitzen im Kreis um das Klavier herum. Mit zwei flotten Weisen, dem »Jägerchor« aus dem »Freischütz« und dem »Matrosenchor« aus dem »Fliegenden Holländer« singen wir uns ein. Es folgen Lockerungsübungen, wenn man so will »Gymnastik für die Stimme«, Stimm- und Atemübungen. Intervalle werden gesungen. Schwieriger wird es schon bei »Der Gondelfahrer« oder der »Nachthelle«, aber Witzchen lokkern die Singstunde auf, machen sie vergnüglich. Die letzte halbe Stunde gehört wie immer den Sängern mit Liederwünschen. Um 21 Uhr kommen zu guter Letzt auch die Damen. Ihre ersten Worte sind nicht etwa ein Gruß, sondern aus vielen Kehlen der langgedehnte Ausruf: »Lüüüften«. Der Sauerstoff ist verbraucht.
Die Fenster werden aufgerissen, nach ein paar Minuten wieder geschlossen. Das gemeinschaftliche Singen kann beginnen. Mit rund 200 Sängerinnen und Sängern ist der Probenraum leider total überfüllt. Wir alle beugen uns dem strengen Probenrhythmus so locker wie eben möglich. Die Laune, das Wichtigste, muß bleiben. Schließlich heißt der Leitspruch der Fischer-Chöre: »Wer will, darf – müssen muß keiner.«

14 Sind Freunde geworden: Carl Raddatz und Gotthilf Fischer

15 Fischer mit vielen Prominenten nach der Sendung:
»Ich stelle mich beim WDR«

16 Im Blauen Bock mit Heinz Schenk und Lia Wöhr immer gern dabei

17 Im Schillertheater Berlin spielte Carl Raddatz und ein Ensemble ein Stück über Gotthilf Fischer. Dafür machten ihn die Fischer-Chöre zum Ehrenmitglied

18 *Singend für den Frieden mahnen, ist eines der Hauptziele von Gotthilf Fischer Friedensmesse-Uraufführung 1978 in Washington*

19 Konzert mit dem Stuttgarter Symphonie-Orchester

20 Fußball-Länderspiele werden durch die Fischer-Chöre eingesungen

Gegen 22 Uhr 30 ist die Probe glücklich beendet. Die Tische werden wieder in den Saal geräumt. Währenddessen führe ich Gespräche mit den jeweiligen Chor-Vorständen über bevorstehende Termine in Sachen Funk, Fernsehen, Platten, Hochzeiten, Reisen, Beerdigungen (letzteres naturgegeben kurzfristiger als anderes), Ständchen. Meistens hat ein Chormitglied an solchen Abenden Geburtstag, was ihn verpflichtet, seiner Stimme »einen auszugeben«. Dafür trinkt er ja den Rest des Jahres umsonst. Eine großzügige Geste, die der Schwabe gerne tut, nämlich etwas zu geben, wenn er genau weiß, daß er es auch zurückbekommt.
Eine fröhliche Runde sitzt dann mindestens noch bis ein Uhr nachts zusammen, häufig bis drei, und nicht selten gehen die letzten von der »Nachtprobe« direkt zur Arbeit. Für mich bedeutet das seit Jahrzehnten kaum Schlaf.

Diese eben geschilderten Proben sind eingebettet in meinen normalen Tagesablauf, der sich rund zwölfmal im Monat wie folgt abspielen kann:
Der Wecker klingelt bereits 5 Uhr morgens. Um 5 Uhr 45 schließe ich das Garagentor auf, hole mein Auto heraus und treffe gegen 6 Uhr 45 am Flughafen Stuttgart ein. Parkplatzprobleme gibt es um diese Zeit gottlob noch nicht, aber des öfteren ist es mir schon passiert, daß ich, nachmittags zurückgekehrt, nicht mehr wußte, wo ich das Auto abgestellt hatte, und es mühsam suchen mußte.
Um 6 Uhr 55 jedenfalls sitze ich in der Maschine. Gegen 8 Uhr komme ich zum Beispiel in Hamburg an und werde von der Plattenfirma, einem Fernsehredakteur, einer Zeitung oder anderen abgeholt. Es folgen Besprechungen beim Funk, beim Fernsehen oder anderswo. Diese Besprechungen gehen bisweilen auf der Rückfahrt zum Flughafen gegen 13 Uhr 30 weiter, und gegen 14 Uhr 30 sitze ich wieder im Flugzeug Richtung Heimat. Mit dem hoffentlich wiedergefundenen eigenen Auto fahre ich gegen 16 Uhr vom Flughafen Stuttgart aus weiter, um pünktlich die erste Probe halten zu kön-

nen. Nachts um drei Uhr falle ich dann todmüde ins Bett, um am nächsten Tag um acht Uhr schon wieder am Telefon gesprächsbereit zu sein. Viele zu erledigenden Punkte stehen auf dem Tagesplan: Termine machen und Koordinieren, Reisen vorbereiten und natürlich auch Komponieren. Dies ist in Kürze mein ganz normaler Tagesablauf seit vielen Jahren. Freunde fragen mich immerzu: »Warum tust du das um Himmels willen, Gotthilf?« Ich weiß nur eine Antwort: »Weil es mir Spaß macht.«

Der Spaß allein genügt selbstverständlich nicht, auch betrachte ich meine Tätigkeit nicht als Job, sondern als Berufung. Die immer wieder wichtige Entscheidung stand an: »Entweder Familie oder Berufung.« Ich habe mich bekanntlich für letzteres entschieden und bin inzwischen zum Leidwesen meiner Frau wohl mehr mit den Fischer-Chören verheiratet. Diesen inneren Antrieb mochte ich nicht gegen ein harmonisches Familienleben austauschen, auch wenn meine Frau und meine Kinder darüber sicherlich glücklicher gewesen wären. Was ich immer wieder als meinen inneren Auftrag predige: »Friede in der eigenen Familie ist der Ursprung allen Friedens überhaupt«, kann ich für mich persönlich nicht recht in Anspruch nehmen. Meine Familie litt unter mir mehr als daß sie Freude gehabt hätte. Wenn es einen »Zigeunerberuf« gibt, dann ist es sicher meiner, auch wenn ich zugeben muß, daß zahlreiche Menschen ein ähnliches Leben führen. Näher betrachtet eigentlich alle diejenigen, die ihrer oder der ihnen gestellten Aufgabe konsequent folgen. Aber darunter hat meine Familie nicht zu leiden, sie leidet unter mir.

War ich schon froh, wenn meine Kinder mich wenigstens dem Namen nach kannten, so haben wir uns doch kaum gesehen, geschweige denn habe ich ihr Aufwachsen miterlebt. Kam ich nach Hause, dann schliefen sie schon. Morgens war ich entweder noch nicht da oder schon wieder weg oder schlief zufällig noch. Stand ich dann auf, waren sie bereits in der Schule. Kamen sie aus der Schule nach Hause, war ich wieder unterwegs. Ich bin das Gefühl nie losgeworden, für meine Kinder ein etwas näher bekannter Fremder gewesen zu sein. Es stimmte mich traurig, die eigenen Kinder entgleiten zu sehen. Dabei hat es über diese Form des Zusammenlebens zwischen meiner Frau und mir zu keinem Zeitpunkt ernstlich Krach gegeben. Unsere Familienprobleme haben wir auf diese Weise nie gelöst, eher verdrängt. War meine Frau mal richtig »sauer« auf mich, wollte mit mir streiten, dann war ich mit höchster Wahrscheinlichkeit nicht in ihrer Nähe, und später war sie glücklich, mich zu sehen, und aller Gram war für diese oft nur kurze Zeit »vergessen«. Unser Familienleben ist dabei natürlich viel zu kurz gekommen, und ich bin meiner Frau zutiefst dankbar, daß sie mich aus den vielen möglichen Gründen nicht im Stich ließ, sondern zu mir und meiner Arbeit stand und mir privat den Rücken freihielt.

Als meine Tochter ihren zukünftigen Mann kennengelernt hatte, stellte sie ihn mir vor. Ein paarmal habe ich ihn gesehen, aber eigentlich nicht zur Kenntnis genommen. Eines Tages kam sie zu mir: »Vater, ich brauche einen Termin.« Ich nickte und fragte etwas verstört: »Warum?« Sie eröffnete mir dann kurz: »Für meine Hochzeit.«

Weil ich aus Erfahrung wußte, wie leicht langfristige private Termine ins Wanken geraten können, suchte ich nach der sichersten Möglichkeit, den Hochzeitstermin wenigstens wahrnehmen zu können. Kurzerhand organisierte ich eine Sängerreise, weil ich mir dachte: »Wenn 500 Menschen mit dir unterwegs sind, wird jeder Verständnis dafür haben, daß du andere Termine in dieser Zeit nicht wahrnehmen kannst.« Während dieser Reise heiratete meine Tochter dann auch und ich war dabei, sogar mit dem Chor.

Vier Wochen im Jahr versuchte ich, meiner Familie halbwegs zur Verfügung zu stehen: die Zeit des Urlaubs von meinen Chören, was aber keinesfalls Urlaub von der Musik bedeutet. Anderweitige Termine und Veranstaltungen warten auf mich. Meine Familie gab es längst auf, mich fest einzuplanen, und trotzdem mußte sie in einem anderen Punkt unter mir leiden. Vier Monate lang wurden wir alle von der Polizei auf Schritt und Tritt bewacht. Der Grund dafür war ein im Polizeipräsidium in Köln eingegangener Anruf. Sein Inhalt: Mordanschlag auf Gotthilf Fischer in den nächsten Tagen, RAF.

Die Information erhielt ich nach einer Veranstaltung. Zunächst lachte ich schallend: »Was sollen die von mir wollen. Ich tue keinem Menschen etwas. Ich singe mit anderen zusammen. Das kann nur Unsinn sein.«

Im Gegensatz zu mir nahm die Polizei den Anruf sehr ernst. Die Kölner reichten die Information weiter zur Wache nach Waiblingen, in deren Einzugsbereich ich in Weinstadt wohne. So unauffällig wie eben möglich kam die Polizei zu mir nach Hause.

Zivilbeamte überprüften das ganze Haus auf seine Sicherheit. Objekt und Personenschutz wurden festgelegt, das Gelände um das Haus herum überwacht. Jeden Schritt, jede Veranstaltung, jede Autoroute hatte ich von nun an zu melden. Auf meinen Überlandfahrten übergab mich die eine Polizeidirektion an die nächste. Die Polizeibeamten waren sichtlich froh, wenn sie mich aus ihrem Zuständigkeitsbereich entlassen und »weiterreichen« konnten.

Vier Monate lang lebte ich, wie es mir im nachhinein schien, das »normale Leben von Politikern« und bin dabei »um Jahre jünger geworden«. Vielleicht bin ich nicht ernsthaft genug, an diesen Mißständen zu verzweifeln. Oft fühlte ich mich bei aller Brisanz in meine Kindheit zurückversetzt, zu »Räuber und Gendarm«.

Natürlich galt meine Sorge zunächst der Familie. Bei jedem Windgeräusch, jedem Ächzen der Rolläden, jedem Knarren von Dachpfannen oder Dielen dachte ich: »Jetzt geht es los.« Alles, was um mich herumlief, war für mich verdächtig, die Menschen, die ich noch nie richtig einschätzen konnte. Jeden Augenblick rechnete ich bei ihnen damit, daß »was passiert«. Der »angesagte« Täter sieht sicher aus wie Jeder-

mann, stellte ich mir vor, Beispiele gibt es ja genug. Dem Vertreter des in Urlaub gegangenen Briefträgers mißtraute ich, langsam entwickelte ich zu jeder Sekunde die Bereitschaft, jedem »ins Gesicht zu springen« – selbst wenn ich wußte, daß ich nicht mehr hätte reagieren können, daß es dann längst zu spät gewesen wäre. Auch einen neuen Zeitungsboten, der zu uns nach Hause kam, hielt ich zuerst für den »Erzfeind«. Damals erwog ich schon, mir eine großkalibrige Waffe zuzulegen, verwarf den Gedanken aber wieder: Ich hätte zum einen nicht gewußt, wie ich mit solch einem Ding umgehen muß, und andererseits wäre ich gar nicht dazu gekommen, die Waffe zu benutzen. Schließlich war die Situation nicht mit einem Edelwestern zu vergleichen: »High noon! . . . komm raus. Zieh ... oder stirb!«
Ungewohnt war eigentlich nur die erste Woche. Dann hatte ich gelernt, zwangsweise mit dem Problem zu leben. So fing ich an, konzentrierter auf jede einzelne Bewegung von anderen Menschen zu achten, bin einige Male sogar bei »Spätgelb« über die Ampel gefahren, nur um zu sehen, ob ich verfolgt würde. Ein paarmal fuhr tatsächlich noch einer hinter mir – sicher schon bei »Rot« – über die Kreuzung. Plötzlich kam die Angst doch. Mehr als einmal rutschte ich mit der Felge über die Bordsteinkante, um einen möglichen Verfolger abzuschütteln. Es war sicher keiner darunter, sonst hätte er mich vermutlich eingeholt. Schließlich bin ich Dirigent und Gotthilf Fischer und nicht Rennfahrer und Niki Lauda.
Die Polizei kontrollierte jeden, der auch nur in die Nähe meines Hauses wollte. Sagen durfte ich über die Vorgänge keinem etwas. Doch alle bemerkten irgendwann die Situation, wurden dann auch nervös und blickten zu guter Letzt meine Familie »schief« an.
Meine nächsten Sorgen galten den Chören. Kein Sänger durfte oder besser sollte meine Nervosität spüren. Diese hätte sich sofort auf sie, auf unsere Arbeit übertragen. Für meine Einstellung zu einer gewissen Gleichgültigkeit half mir die »Erkenntnis«, daß das, was geschehen muß, auch geschehen

wird. Auch ein Grund für mich, jede kugelsichere Weste abzulehnen.
Wie gewohnt erschien ich zu den Proben, nicht gerade als Zielscheibe, man muß so etwas schließlich nicht provozieren. So waren die Fensterläden bei den Proben schon geschlossen, oder gingen bei Veranstaltungen zwei uniformierte oder nichtuniformierte »Bodyguards« mit »Kanonen« unter der Jacke vor mir, neben mir und hinter mir her – nach jeder Seite sichernd. Ich beneidete sie weiß Gott nicht um ihren »Job«. Wer kann es sich schon wünschen, »erste Zielscheibe« zu sein. Innerlich machte ich mich jedoch ab und zu über ihre Arbeit lustig bzw. sah sie als Farce. »Was wollen die«, dachte ich mir öfters bei geeigneten Gelegenheiten, »gegen eine weittragende Waffe ausrichten?« Jeder Schuß würde mit Sicherheit in der Musik untergehen. Das ist vielleicht ein Gefühl! Man dirigiert und wartet nur darauf, daß es bei »Heut' lockt der Sonnenschein« plötzlich knallt, man zusammensinkt und die Leute womöglich auch noch applaudieren, weil sie meinen, man tanze zur Musik.
Meine Sorge durften jedenfalls die Mitglieder der Chöre nicht mitbekommen, sie wären sonst möglicherweise nervös geworden und hätten das Konzert zu guter Letzt »geschmissen«.
Sie bemerkten es Gott sei Dank nicht, sahen nur das lachende, Frohsinn verbreitende Gesicht ihres Dirigenten. Anderes hätte sie vermutlich auch gar nicht interessiert, sie hätten es auch nicht verstanden. Sie wollen gar nicht wissen, wie es »dem Fischer da vorne« geht, was er vielleicht »Schlimmes« während des Tages erlebt. Ärger hatten sie ja alle selber genug. Jetzt wollen sie sich entspannen, ablenken. Da darf ich nicht mit griesgrämigem Gesicht erscheinen. Komme ich dennoch nach einem für mich ärgerlichen Tag zur Probe, versuche ich mich jedesmal eine halbe Minute zu sammeln, mir zu suggerieren, wie herrlich doch alles ist. Erst dann trete ich vor den Chor. Wenn ich es dann auch noch schaffe, die Gesichter vor mir aufzuhellen, werde auch ich von innen her fröhlich.

Reisefieber

Die Fischer-Chöre ohne Reisen muß man sich ungefähr so vorstellen wie Herbert Wehner ohne Pfeife. Allerdings kostet, was später wie ein fröhlicher Besuch aussieht, eine Menge an Organisation und Vorbereitung. Schließlich ist jede Reise, sogar in Deutschland, mit 500 und mehr Leuten annähernd so etwas wie ein Feldzug.

Für die Idee zu begeistern sind immer viele, für die mit der Umsetzung verbundene Arbeit naturgegebenermaßen nur wenige. Außer den theoretisch auf die Entfernung klärbaren Fragen ist eine Vorbesichtigung unabdingbar. Diese unternehmen der Vorstand, der Geschäftsführer und ich. Nur um einen Eindruck zu geben, warum das für uns nicht, wie häufig angenommen, ein vorgezogener Kurzurlaub ist, nenne ich die wichtigsten zu klärenden Fragen:

Welche Möglichkeiten gibt es für Auftritte? Was sind die Gepflogenheiten der Gastgeber, um größere Fehler zu vermeiden? Wer ist mit Vorsicht zu genießen? Welche Persönlichkeiten darf man nicht übersehen, übergehen? Wer hilft einem wirklich, wer schwätzt nur? Inwieweit kann eine Plattenfirma sponsern? Bei welchen Konzerten kann man Eintritt nehmen, wo ist ein Wohltätigkeitskonzert eher angebracht? Wie kann vielleicht die deutsche Botschaft im Ausland weiterhelfen oder bleibt das Formsache? Welchen Dingen bzw. Personen muß man aus dem Weg gehen, um nicht unnötig aufgehalten zu werden? Wie kommt man darum herum, sich politisch einfangen zu lassen? Wo sind Möglichkeiten vorhanden, so viele Leute gleichzeitig mit Essen und Trinken zu versorgen? Wo sind die Stationen, die einem im Notfall weiterhelfen können: Ärzte, Rotes Kreuz, Krankenhäuser? Welche ist die richtige Konzertdirektion? Welche Hotels stellen noch eine Couch ins Doppelzimmer? Welche Rabatte sind zu bekommen? Wie kann man Kosten für das Essen sparen? – Nur ein ausgefallenes Essen z.B., das durch Lunchpakete ersetzt wird, spart bei der Anzahl Mitreisender ca. 20 000 Mark Kosten. – Wie gelingt es, die Wochenenden günstig in den Terminplan einzubauen? – Erstens brauchen die Sänger und Sängerinnen dann weniger Urlaub, und zweitens sind die Hotels an Wochenenden nicht so ausgebucht, man bekommt, wiederum sehr wichtig, bessere Rabattsätze. Noch preiswerter wären sicherlich Privatquartiere, doch dazu sind wir zu viele. Bis wir alle in Privatquartieren untergebracht und zur Veranstaltung wieder »eingesammelt« haben, ist ein ganzer Tag vorbei. Es spricht noch etwas dagegen, die Erfahrung: Einmal brachten wir die Chormitglieder privat unter. Sie wurden von den Gastgebern so verwöhnt mit Essen und Trinken, daß sie anschließend kaum noch in der Lage waren zu singen. Am schönsten und reibungslosesten ist es, wenn wir in einer Stadt gastieren können, in der es eine Bundeswehrgarnison gibt. Die Unterbringung ist dort in der Regel problemlos, und so mancher Kommandeur räumte schon an Wochenenden die Kasernen, um die Fischer-Chöre übernachten zu lassen. Die Feldküche schmeckte uns allen meistens besser als die immer gleichen Steaks in Hotels.

Die erste Reise der Fischer-Chöre allerdings war noch nicht so mit Organisation beladen, sondern viel improvisierter. Würden wir diese Reise heute in dieser Form antreten, die Polizei ließe uns so nicht einmal mehr vom Hof:

Die Busse waren damals »Marke Eigenbau« der Nachkriegs produktion. Um den Transport doch noch zu gewährleisten, hatte man sogar dort Holz verbaut, wo eigentlich Stahlblech hingehörte. Die Bremsen, Seilzugbremsen, waren das Schlimmste. Wirklich, unter Lebensgefahr sind wir bei unserer ersten Reise mit diesen Vehikeln über den Reschenpaß nach Südtirol gefahren. Selbst im Nachhinein darf ich gar nicht daran denken, was alles hätte geschehen können. Die Grenzen waren gerade wieder geöffnet. In ganz Südtirol krachte eine Bombe nach der anderen. Wenn sie schon nicht mehr »heim ins großdeutsche Reich« konnten, so doch wenigstens nach Österreich, aber auf keinen Fall wollten sie

Italien angeschlossen werden. In dieser Situation fuhren wir nach Südtirol, als erster deutscher Chor. Sämtlichen Menschen standen bei unserer Ankunft Tränen in den Augen. Für die damaligen Südtiroler ein echter Gruß aus der gefühlsmäßig ersehnten Heimat.

Wir wurden verköstigt, verwöhnt, als wären wir von einer langen Reise nach Hause in die Familie gekommen. Die dadurch oft entstandene Familienidylle – von den Carabinieri gerade noch toleriert – sollte nicht gestört werden. Politische Kundgebungen waren natürlich verboten und deutschfreundliche erst recht. Obwohl keine politische Veranstaltung dabei war, konnte man als italienische Ordnungsmacht schon kräftig ins Schwitzen geraten. Man wußte ja nie, wo und wann die nächste Bombe hochgehen würde.

Eine ganz andere Art von »Bombe« wäre beinahe während eines Sängertreffens im großen Saal einer Gaststätte hochgegangen: Der örtliche Bürgermeister hielt seine Ansprache. Voller Begeisterung, daß wir da waren, fiel sie etwas »nationaler« aus als es zu diesem Zeitpunkt angemessen gewesen wäre. Unser Vorstandsrepräsentant wollte sich natürlich auch nicht lumpen lassen. Er hätte es vermutlich noch in der Hand gehabt, die drohende Gefahr einer politischen Veranstaltung abzuwenden, war aber ebenfalls seiner Begeisterung erlegen. Gerade als er anhob, »und liebe Brüder und Schwestern, wir freuen uns . . .«, da flogen gleichzeitig sämtliche Türen des Saales auf und bis an die Zähne bewaffnete Carabinieri stürmten herein. Eine absolut groteske Situation.

Um die verworrene Lage doch noch zu retten, stimmte ich mit ein paar Mann an meinem Tisch schnell ein Lied an. Es wurden immer mehr, die schließlich mitsangen. Ich sprang auf den Tisch und dirigierte die ganze Halle. Sie erzitterte förmlich unter dem Schunkellied »Einmal am Rhein«.

Alles schunkelte, alles sang. Die Carabinieri blickten sich verwundert an, etwas verlegen, fast hilflos. So plötzlich wie sie gekommen waren, so verschwanden sie wieder. Ich bin mir auch jetzt immer noch nicht ganz sicher, ob sie bei unserem Anblick eher an die Kapazität ihrer Gefängnisse gedacht hatten oder wirklich nicht zu entdecken vermochten, was an unserem Treffen hetzerisch sein sollte, wenn ein ganzer Saal wie aus einer Kehle singt.

Die deutsch-deutsche Verbrüderung fand dann doch noch statt, ohne Carabinieri beim Abschluß des Treffens, als wir alle miteinander die Südtiroler »Nationalhymne« sangen: »Wohl ist die Welt so groß und weit«.

Die Reise zu unserem ersten weltweiten Erfolg unternahmen wir 1974. Wir fuhren dafür mit den Bussen nur über die Autobahn von Stuttgart nach München. 1500 Chormitglieder sangen mit mir im ausverkauften Olympiastadion zur Abschlußfeier der Fußballweltmeisterschaft, vom Fernsehen in die Stuben von Milliarden Menschen übertragen.

Zusammen mit meinen Chören sollte auch Freddy Quinn auftreten. Natürlich mußte er auch zur Probe, die gleich mit einer witzigen Geschichte beginnen sollte. Freddy war offenbar noch nicht im Olympiastadion bzw. wurde fieberhaft gesucht. Über den Stadionlautsprecher war er schon einige Male ausgerufen: »Freddy Quinn bitte in den Innenraum.« Wie sich nachträglich herausstellte, scheiterte Freddy an einem Ordner, der ihn partout nicht hineinließ. Als der Star von der Waterkant schon etwas genervt sagte, »ich muß zur Probe der Fischer-Chöre, ich bin Freddy«, tippte sich der Ordner aus Bayern an seine Stirn, bekam einen Lachanfall und entgegnete: »Freddy, so a Schmarrn. Da könnte ja jeder kommen. Angenehm, ich bin Heino.«

Freddy war hinterher, wie mir schien, nicht sonderlich traurig über die verpaßte Probe. Ausgerechnet in der Stunde, in der wir dazu Zeit hatten, goß es in Strömen: Gewitter, Graupelschauer. Wir waren alle naß bis auf die Haut. Für den Auftritt am folgenden Tag mußten die Kleider natürlich wieder trocken und glatt sein, was dank des Improvisationstalents eines jeden einzelnen auch gelang. Doch an diesem Tag hatte der Chor auch gegen Wasser anderer Art zu kämpfen. Unvorsichtigerweise hatten wir den Fehler begangen, vorher noch

einen kräftigen Schluck zur Beruhigung zu trinken. Als wir dann im Stadion waren, führte kein Weg mehr zurück zu dem stillen Ort – eine lange Dreiviertelstunde.
Bevor der Chor dann 1976 zu seiner ersten Romreise aufbrechen konnte, war ich mit dem Veranstalter zur »Vorbesichtigung« der Örtlichkeiten gefahren. Dabei besichtigte ich auch selbstverständlich den Vatikan. Ein Erlebnis – so überwältigend, daß ich meine ganz persönlichen Eindrücke ohne Anspruch auf objektive Richtigkeit schildern möchte: Noch nie zuvor und nie danach traf ich eine so »geballte Ladung« intelligenter, gebildeter Menschen auf einem Quadratkilometer wie im Vatikan. Während der Vorbereitung unserer Chorreise begleitete mich der Reiseveranstalter bis zu einem Eingang am Vatikanpalast. Ohne triftigen Grund sind private Erkundigungen hier zu Ende, aber mein Glück war es, daß die dort postierte Schweizer Garde – Wächter des Vatikans – in der Mehrzahl wohl aus Fußballinteressierten bestand. Die Männer kannten mich, wie sie gleich versicherten, von der Weltübertragung der WM aus Deutschland. Es entstand sofort ein Gespräch über das »runde Leder«, und sie ließen mich anschließend freundlich lächelnd passieren. Keinen schien es zu interessieren, wohin ich eigentlich wollte.
Inzwischen in die geheiligten Räume vorgedrungen, bemerkte ich, wie sich jeder dort in Würde fröhlich bewegt. »Du mußt vor lauter Würde hier durchschweben, dann fällst du nicht auf«, stellte ich für mich fest. Ich fühlte mich von einer Atmosphäre getragen wie von Klängen der Musik. Kein einziges Gespräch, das nicht unbändige Kraft, hohes Niveau beinhaltete. Ich war in eine Welt versetzt, die mir in jeder Sekunde das Gefühl vermittelte: »Auf diesem Quadratkilometer wird eine Welt im Griff und in Atem gehalten.«
Der Weg bis zum Papst schien mir endlos, dauerte aber tatsächlich nicht länger als zehn Minuten. An der ersten Türe angelangt, wurde ich sehr freundlich nach meinem Anliegen gefragt. Ich stellte mich daraufhin kurz vor und erzählte, welche Ehre und Gnade es für meine Chöre und mich sei,

einmal im Vatikan singen zu dürfen. Während ich so von Tür zu Tür geschoben wurde, zeigte und erklärte mit jeder ein paar Geheimnisse. Es dauerte wirklich nur zehn Minuten, bis ich schließlich im Arbeitszimmer des Papst-Sekretärs saß. Hatte ich schon Glück, bis hierher zu gelangen, kam mir auch noch der Zufall zu Hilfe. Just in diesem Moment betrat Papst Paul VI. das Vorzimmer. Der Sekretär stellte mich ihm vor, und ich durfte ein paar Worte mit ihm reden; wenn man so will: eine Privataudienz. Nach dem folgenden Gespräch mit dem Sekretär waren die Fischer-Chöre während ihrer Romreise auch in den Vatikan eingeladen.
Und trotz des Geistes, der Atmosphäre, welche über diesem Quadratkilometer liegt, oder vielleicht gerade deshalb, sind die Menschen Menschen geblieben, in ihren Empfindungen, ihrer Reaktion auf Streicheleinheiten, die ich nicht zu messen vermag, die ich auch nicht bewußt verteilt habe, um zu meinem Ziel zu gelangen, nämlich im Vatikan zu singen. Viel später habe ich in einem anderen Zusammenhang noch mal darüber nachgedacht:
Gibt man nämlich dem zweiten Mann das Gefühl, im Grunde sei er wichtiger und qualifizierter als der erste, so öffnet er dir alle Türen, zu denen sein »Schlüssel« paßt. Menschliche Eitelkeit? – Sicher ein bißchen, aber im Grunde leicht zu verstehen. Der erste Mann kann sich um die Dinge nicht kümmern, die der zweite vielleicht sogar als Spezialgebiet beherrscht. Ohne die Hilfe der zweiten, dritten, vierten und so weiter gäbe es den ersten nicht. So ähnlich verhält es sich auch mit meinen Chormitgliedern. Sie tönen alle in mehr oder weniger abgeschwächter Form: »Der Fischer, schon gut, aber was wäre er ohne mich.« Es gibt also im Grunde keinen Unterschied in diesem Punkt zwischen dem zweiten Vorsitzenden eines Gesangvereins zum ersten und wohl auch keinen Unterschied in diesem Punkt zum Vatikan. Jeder kommt aus dem Nichts und jeder verläßt die Welt als Nichts. Dazwischen liegen mehr oder weniger gekonnte Machtkämpfe, Eitelkeiten und schlichtweg das Leben.

Ende Oktober 1976 reiste der Chor mit einem Sonderzug endlich nach Rom. Hochwasser hatte zu unserem Unglück einen Erdrutsch auf der Eisenbahnstrecke verursacht. Wir saßen fest. Die Sänger und Sängerinnen verbrachten 26 Stunden in den Waggons, kamen schließlich mit zehn Stunden Verspätung in Rom an. Die Vorräte im Speisewagen waren schon einen halben Tag lang zuvor aufgebraucht. Mit knurrenden Mägen, aber dennoch gutgelaunt, gaben wir auf dem Bahnhofsplatz gleich unser erstes Konzert. Der erste Kontakt mit dem Petersdom war für die Chormitglieder zwar »weltlicher« als sie sich das vorgestellt hatten. Sie saßen dort andächtig, »erschlagen« von der Gewaltigkeit des Bauwerks. Ergriffen, einmal in dieser heiligen Stätte zu sein, knieten sie nieder und beteten. Die Umwelt versank völlig für sie. Das Ergebnis: Nach dieser Besinnung fehlte acht Chormitgliedern die Geldbörse, geklaut unter der Kuppel des Doms. Die heilige Stätte für die Gläubigen ist für andere oft nichts weiter als eine Menschenansammlung, in der man ungestört seinem fragwürdigen »Geschäft« nachgehen kann. Auch das ist menschlich.

Dieser vergleichsweise läppische Vorfall konnte uns allen aber nicht das beeindruckende Erlebnis nehmen, auch nicht, als sich Ähnliches wiederholte. Ausgerechnet unser katholischer Reisepfarrer sollte auf der Brücke vor der Engelsburg in Rom um seine Reisebarschaft erleichtert werden. Chormitglieder konnten dies gerade noch verhindern. Der Pfarrer erklärte seine Unaufmerksamkeit später damit, er habe erstens nicht damit gerechnet, ausgerechnet in der Nähe seines »Chefs« Räubern in die Hände zu fallen, und außerdem habe er gerade anderes im Kopf gehabt, nämlich wie er möglichst schnell zu seinem »römischen Gewerbeschein« aus dem Hotel komme. Ohne seinen steifen, weißen Kragen wage er sich nicht unter die Augen seines »höchsten Vorgesetzten«.

Als wir endlich im Petersdom eine Messe singen durften, stellte uns diese Erlaubnis plötzlich vor fast unlösbare Probleme, besser ausgedrückt, sie stellte mich vor Probleme; denn ich wußte nicht, es schien mir auch unwichtig, welcher Konfession die mitgereisten 780 Reiseteilnehmer angehörten. Erst jetzt fand ich, gezwungenermaßen, heraus, daß zu meinem Erstaunen nur 20 Prozent katholisch, der Rest ebenso protestantisch war wie ich. Da wir aber am nächsten Tag »auftreten« mußten, blieb uns keine Zeit mehr, die gewünschte Messe einzustudieren. Unsere einzige Möglichkeit bestand nun darin, die Mitglieder des Chors, die außer bei mir noch im Kirchenchor sangen, für diese Aufgabe heranzuziehen, denn nur sie konnten die Messe schon mal vorher gesungen haben.

Wir mußten sämtliche Katholiken nachts aus den Betten trommeln und fanden schließlich 40 Leute, die dafür in Frage kamen. Alle waren müde, einige hatten mehr italienischen Rotwein genossen, als sie sichtlich vertrugen. Wir fingen also mit der Probe an, doch bereits bei den ersten Takten schliefen einige. Dennoch, am nächsten Morgen hatten wir es mit Erfolg geschafft, wie man später hören konnte.

Etwas »lockerer« ging es zu, als das italienische Fernsehen ein Konzert übertragen wollte. Wir einigten uns auf die entsprechenden Lieder und scheiterten zunächst am Toningenieur. »Das kann hier draußen so nicht funktionieren. Wir brauchen dazu dringend Vollplayback«, so sagte er mir voll Verzweiflung. Ich griff sofort zum Telefon und rief bei meiner Plattenfirma in Hamburg an: »Wir brauchen schnell die Bänder für die . . . und die Lieder . . !«, was man mir auch gleicht zusagte. Ein junger Mann wurde nach Studium des Flugplans in Marsch gesetzt, von Hamburg-Fuhlsbüttel nach Frankfurt mit Weiterflug nach Rom. Mit hängender Zunge, hochrot im Gesicht, stürzte er zehn Minuten vor der angesetzten Übertragung auf mich zu. Strahlend sah ich ihn an, freute mich, schlug ihm auf die Schultern: »Junge, du bist toll. Wo sind unsere Bänder?« Ich blickte in ein fassungsloses Gesicht: »Die habe ich vergessen.« Da hatte sich der junge Mann so gefreut, einmal auf Firmenkosten nach Rom fliegen

zu können, daß er den ganzen Grund für die Reise vor lauter Euphorie auf dem Schreibtisch hatte liegen lassen.
Notgedrungen sangen wir dann live und, gegen den erklärten, aber nichts mehr nützenden Widerstand des Toningenieurs. Noch nach der dritten Flasche Wein erzählte er mir anschließend, warum das mit der Übertragung eigentlich gar nicht hätte klappen können.

1980 sind die Fischer-Chöre nochmals in Rom gewesen. Zu dieser zweiten Einladung kam es folgendermaßen: Ich hatte für Papst Johannes Paul II. das Lied »Wir wollen Gott«, das er schon als Kind in Polen gesungen hatte, umarrangiert. Während einer Generalaudienz ließ ich dieses Lied, von meinen Chören auf Platte gesungen, abspielen. 40 000 Menschen auf dem Petersplatz, die die Platte auch hörten, sangen damals mit, sogar der Papst.

Ist man mit so vielen Menschen unterwegs, können kuriose Erlebnisse gar nicht ausbleiben. So hatte die Frau eines Sängers, die bei der Romreise nicht dabeisein konnte – wie wir später erfuhren –, absichtlich die Koffer vertauscht. Ihr Mann fand in seinem Hotel vor seinem großen Auftritt das Chorkleid seiner Frau nebst Perücke darin. Von seinem Anzug jedenfalls keine Spur. Unsere Maskenbildnerin fing die Situation auf und machte den Spaß mit. Kurzerhand funktionierte sie ihn zur Frau um. Seine weichen Gesichtszüge unterstützten außerdem die Maskerade vorteilhaft. Auf diesem Wege kam er auch noch ein paar Reihen näher an den Papst heran, als es ihm »als Mann« möglich gewesen wäre. Gesungen hatte er keinen einzigen Ton, die anderen weiblichen Chormitglieder, in deren Mitte er stand, hätten ja etwas bemerken können. Während ich dirigierte, zitterte ich dann doch die ganze Zeit, daß die Travestiekomödie bloß geheimbleiben würde, denn sonst hätte es sicher einen kräftigen Lacher gegeben und die ganze feierliche Stimmung beim Papst wäre beim Teufel gewesen.

21 Fußball WM 1978 in Argentinien
Volkslieder erklingen zu Ehren von Gotthilf Fischer

22 Bei der Generalprobe ist Gotthilf Fischer immer ein Fröhlichmacher

23 Mit der Jugend kann's Gotthilf Fischer besonders gut

Anstoß zu unserer Amerikareise 1978 war ein sehr selten stattfindender Fernsehabend in meinem Haus. Der damalige Präsident der Vereinigten Staaten von Amerika, es war die Zeit vor Camp David, hielt eine Rede über den Stand der damaligen Friedensverhandlungen. Mit der Politik von Jimmy Carter hätte ich mich nicht identifizieren können, weil ich glaube, daß unsere Welt leider mehr Realpolitiker mit dem Blick fürs Machbare als mit dem Blick fürs Wünschenswerte braucht. Aber dem Mann merkte ich sogar am unpersönlichen Fernsehschirm an, daß er den Frieden will, seine Bemühungen, ihn zu erreichen, echt und überzeugend sind, von seinem innersten Gefühl her.
Am nächsten Morgen setzte ich mich gleich ans Klavier und komponierte für ihn eine Friedensmesse. Dabei entstand in mir der Wunsch, ihm meine angefertigte Komposition als Geschenk auch persönlich zu überreichen. Mit dem mir eigenen Optimismus bestieg ich dann in Stuttgart ein Flugzeug nach Frankfurt, flog von dort weiter nach New York, setzte mich dort wieder in eine andere Maschine und flog schließlich nach Washington.
In der deutschen Botschaft wurde ich herzlich empfangen. Die Leute kannten mich, freuten sich, mit mir über das zu plaudern, was außer der Politik sonst so alles in unseren Zeitungen steht. Ich wurde auch dem deutschen Botschafter vorgestellt, Herrn von Staden.
Im Verlauf des Gespräches erklärte ich den Anlaß meines Besuchs, nämlich daß ich für den Präsidenten Jimmy Carter eine Friedensmesse komponiert habe, weil ich finde, daß seine Friedensbemühungen echt sind und ich ihn gern von den Fischer-Chören grüßen lassen und ihm bei der Gelegenheit die Messe überreichen möchte. Er möge mir doch dabei behilflich sein.
Daraufhin brach der Botschafter in schallendes Gelächter aus und erwiderte mitleidsvoll: »Das möchte ich schon seit zwei Jahren, einmal zum Präsidenten der Vereinigten Staaten ins Weiße Haus«. »Nun gut«, dachte ich bei mir, »dann

eben nicht.« Nach ein paar weiteren Worten fuhr ich dann fest entschlossen in mein Hotel zurück und rief auf der Stelle im Weißen Haus an. Prompt wurde ein Wagen geschickt, mich abzuholen. Der amerikanische Präsident war ohne große diplomatische Anstrengungen bereit, mich zu empfangen. In einem kurzen freundlichen Gespräch konnte ich ihm mitteilen, daß die Fischer-Chöre gern mit einer Abordnung während ihrer bevorstehenden Amerikareise im Weißen Haus singen würden. Zu meiner größten Freude erklärte mir Präsident Carter während des weiteren Gesprächs: »Ich wäre glücklich, wenn ich ein bißchen von dem, was mir Ihre Musik geschenkt hat, auf die Friedenspolitik ummünzen könnte.«

Credo

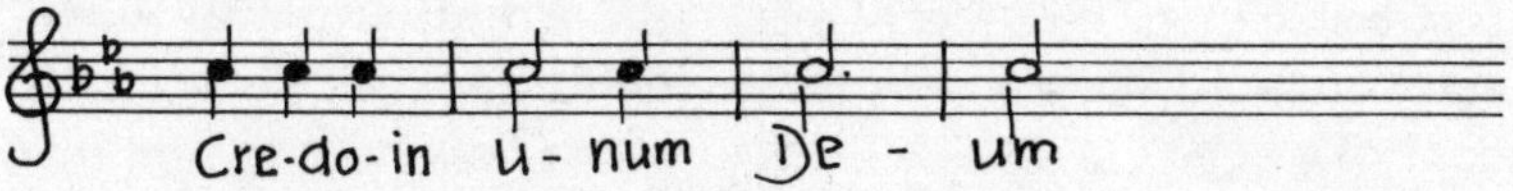

Sanctus

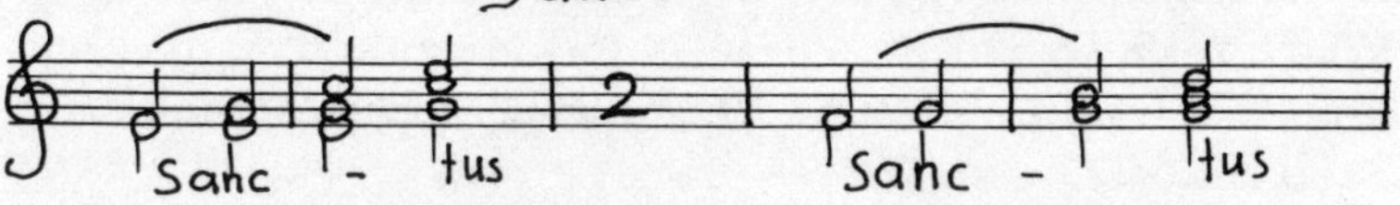

Benedictus

Agnus dei

Welturaufführung

20. Mai 1978

inder

Kathedrale Shrine of the Immaculate Conception in Washington

Am nächsten Morgen weckte mich Botschafter von Staden telefonisch in meinem Hotel und gratulierte mir überschwenglich. Verwundert fragte ich ihn: »Woher wissen Sie das?« Es gebe ein großes Bild von dem Präsidenten und mir in der Washington Post. Während er mir nochmals Glückwünsche zu meinem »Husarenstreich« aussprach, bat er mich, ihn beim nächstenmal – dann wenn die Abordnung im Weißen Haus singen würde – mitzunehmen. Großzügig konnte ich ihm nun mein Versprechen geben, das ich dann auch einlöste.
Schon lange vor dieser Begebenheit hatte ich mich häufiger gefragt, wie schafft es eigentlich ein Botschafter, beispielsweise zum amerikanischen Präsidenten vorzustoßen. Nach dieser Erfahrung war mir das klar, wie es »nur« gehen kann.

Die Reise meiner größten Erfüllung und gleichzeitig größten Erniedrigung unternahmen die Fischer-Chöre 1981 nach Israel. Eine längere Geschichte, die ich der Reihe nach erzählen möchte: Bei der für solche Projekte üblichen Vorbesichtigung wurde ich von einem schlagartig aufkommenden Sandsturm begrüßt. Meine ohnehin schon starke Beklommenheit wurde dadurch noch verstärkt. An jedem Ort, der für die Christenheit eine Bedeutung hat, war ich sprachlos vor Bewunderung. Mitunter auch enttäuscht darüber, daß z.B. die Kirche von Kanaan für mich verschlossen blieb, weil sich kein Einheimischer dafür interessiert. Hingegen strahlte Jerusalem für mich, von Golgatha aus betrachtet, eine unbegreifliche Kraft aus, die nur den Eindruck vermittelte, daß alle Nationen diese Stadt hilfesuchend besuchen mußten. Aber es wirkte alles wie ein brodelnder Berg, vergleichbar mit einem Vulkan, bei dem stündlich mit dem Ausbruch zu rechnen ist. Nach meinem ersten Besuch erreichte mich ein Brief des Bürgermeisters von Jerusalem, Teddy Kollek. Sein Inhalt: Es hat mich sehr gefreut, Sie hier in Jerusalem zu begrüßen. Als Bürgermeister von Jerusalem möchte ich Sie herzlich zu Ihrer dritten Weltfriedensfahrt 1981 nach Jerusa-

lem einladen. Ihre Bemühungen, einen Beitrag für den Frieden in der Welt durch Musik und Gesang zu leisten, ist lobenswert, und wir sind überzeugt, daß diese Weltfriedensfahrt ins Heilig Land für Sie, Ihren Chor und alle Mitreisenden ein unvergeßliches und nachhaltiges Erlebnis sein wird. Mit freundlichen Grüßen, Teddy Kollek, Bürgermeister von Jerusalem.
Es ist in der Tat ein unvergeßliches und nachhaltiges Erlebnis geworden, wenn ich es mir auch etwas anders vorgestellt hatte.

Damals hatte ich mich sehr darauf gefreut, meinen Chören die Ursprünge, die Stätten des Christentums zeigen zu können. Wir alle fuhren mit dem Anspruch und Vorsatz nach Israel, uns singend für den Frieden zwischen den Völkern, für die er bitter notwendig ist, einzusetzen. Von den Landschaften, den Städten mit ihren geschichtsbeladenen Bauwerken beeindruckt, kamen mir meine Jugend- und Schulzeit sogleich wieder ins Gedächtnis. Viele Namen, Landschaftszüge, heilige Orte und Ereignisse waren noch aus dem Religionsunterricht, den zahlreichen Bibelstunden gegenwärtig.
Die israelischen Verantwortlichen lobten nach der Reise die Disziplin des Chors, sein untadeliges Verhalten. Wir benahmen uns so unauffällig wie nur möglich, bei einer derart großen Reisegruppe gar nicht so einfach.
Die Quittung für unsere Bemühungen anschließend waren böswillige und boshafte Berichterstattung in den deutschen Medien. Die Tätigkeit der Chöre ist dadurch leichtfertig zutiefst gestört worden. Beinahe wäre es sogar das unwiederbringliche Ende der Fischer-Chöre gewesen. Den Gipfel aller Entwürdigungen erfuhren wir dann noch durch das Fernsehen, das uns, nachdem wir in Jerusalem das von mir vertonte »Vater unser« an dieser Stelle sangen, an der es zum erstenmal gebetet wurde, auf die gemeinste Weise verunglimpfte. Der Grund lag nicht in dem uns nicht abgenommenen ehrlichen Vorsatz. Der Grund war vielmehr politisch: Ich hatte es

abgelehnt, mit meinen Chören auf den Golanhöhen zu singen. Ich war und bin auch weiterhin der Meinung, daß der Friede und der Wille dazu nicht einem Staat allein gehören können. Frieden ist immer etwas Grenzen überschreitendes. Sehr schnell leuchtete es mir dann ein, daß wir dort nur für den eigenen Frieden würden singen können, den in uns selbst. Kein einziger Quadratmeter war mir aufgefallen, der nach wirklichem Frieden auch nur riechen könnte. Mit unterschiedlichen Visa – weil es in der Region offensichtlich nicht möglich ist, mit einem Paß in verschiedenen Ländern für den Frieden zu singen – besuchte ich Jordanien und auch ein Palästinenserlager. Dort und in Israel hatte ich die Gelegenheit, mit führenden Politikern zu sprechen. Nach der ersten Woche war ich davon überzeugt, »die Israeli haben recht bei dem, was sie tun«. Genauso war ich nach Gesprächen davon überzeugt, »die Jordanier haben recht«. Genauso war ich davon überzeugt, »die Palästinenser haben recht«. Dort treffen so unterschiedliche Grundpositionen, Traditionen, Geschichte aufeinander, daß den wahren Glauben an Frieden in dieser Region der Welt nur ein Phantast haben kann. Deshalb und nur deshalb sangen wir auch nur noch für den eigenen Frieden – Waffenstillstand haben wir nicht in unserem Repertoire.
Auf dem Marktplatz in Tel Aviv kam ein junger Israeli auf mich zu. Er traute sich das, was unterschwellig bei vielen zu spüren war. Er blickte mich prüfend an und fragte schließlich provozierend: »Ich bin Jude, stört Sie das?«
Sofort schossen mir zahlreiche Gedanken durch den Kopf: Mich hatte damals der Hitler überhaupt nicht interessiert. Außerdem war ich bei Kriegsende erst 16 Jahre alt. Mich interessiert nebenbei nie, aus welchem Volk, welcher Nation, welcher Glaubensrichtung ein Mensch kommt, nur der Mensch allein interessiert mich. Deshalb antwortete ich mit einer Gegenfrage: »Nein. Ich bin Deutscher, stört Sie das?« Die Antwort blieb er mir schuldig.
Bei dieser mich zutiefst berührenden Begegnung blieb es

nicht, es wurde noch eine Möglichkeit genutzt, mich bis auf die Knochen zu blamieren. Die für unsere Tournee in Israel Verantwortlichen hatten mir versichert, ich dürfte mit meinen Chören an der Klagemauer zu einem bestimmten Termin singen, da ich der Auffassung bin, »wer singt, betet doppelt«. Die Chöre hatten sich schon aufgestellt, wir wollten ein Lied für den Frieden singen. Gerade als ich den Ton angeben wollte, keine Sekunde früher, hatte man mich bewußt auflaufen lassen, wurde ich an der Aktion gehindert: »Heute am Feiertag können Sie hier nicht singen.«

Trotzdem. Der Höhepunkt in meinem bisherigen Leben war und wird bleiben, daß ich auf dem Berg über dem See Genezareth die von mir vertonte Bergpredigt mit meinem Chor singen durfte.

Fr.
⑤ Se-lig sind die Barm-her-zi-gen, denn sie
wer-den Barmherzigkeit er-lan-gen.
M.
⑥ Se-lig sind die mit rei-nem Herz denn sie wer-den Gott an-
G.
schauen
⑦ Se-lig sind die Friedsamen, denn sie werden Gotteskinder hei-ßen

2

Se-lig sind, die Ver-fol-gung lei-den um der Ge-
2te mal (Wiederholung) Orchester
rechtigkeit wil-len Se-lig sind, die Ver-fol-gung
Chor
lei-den, denn ihrer ist das Himmel-reich freu-et euch

Nie wieder habe ich die Macht des Mediums Fernsehen so nachdrücklich gespürt, wie nach dem gesendeten Filmbeitrag über unsere Israelreise. Sogar die Sänger und Sängerinnen, die mit dabei waren, vor Ort erlebt hatten, wie es tatsächlich abgelaufen war, ließen sich durch die Berichterstattung noch nachträglich negativ beeinflussen.
Aber was rege ich mich auf, mein Debüt als »Jungfilmer« ist schließlich auch danebengegangen.
Zum Ausgleich für meine Tätigkeit suchte ich ein Hobby. Endlich glaubte ich es gefunden zu haben: Super-8-Filmen für den Privatgebrauch. Voller Begeisterung kaufte ich mir sogleich eine der besten Filmkameras, die auf dem Markt erhältlich war. Der Verkäufer pries sie noch mit den Worten an: »Mit der filmt es sich wie von selbst.«
Wie man an meinem bisherigen Leben ablesen kann, litt ich noch nie unter Minderwertigkeitskomplexen und beschloß, mein vielversprechendes Debüt beim Deutschlandbesuch der Königin von England zu geben. Damals führte der Weg Queen Elizabeth' II. und Prinz Philipps ins nahe bei Stuttgart

gelegene Marbach am Neckar zur Besichtigung des dort ansässigen Schiller-Museums.
Die ersten Bilder, als Vorspann sicher gut geeignet, schoß ich von Marbach und Umgebung. An besagtem Tag bevölkerten Menschenmassen den Marktplatz, säumten den Weg, den der offene Mercedes mit dem hohen Besuch aus England zu nehmen hatte. Soldaten der Bundeswehr standen Spalier, hatten wohl auch den Auftrag, die Schaulustigen von »zuviel Kontakt abzuhalten«.
Der diensthabende Hauptmann erkannte mich, und so durfte ich mich als einziger neben ihn in die erste Reihe mit vorzüglichem Kamerablick auf die Strecke postieren. Jubelrufe kündigten das Paar an. Ein wenig aufgeregt nahm ich die Filmkamera vor mein Auge, sah im Sucher das malerische Stadttor, der Wagen fuhr langsam vorbei. Ich folgte ihm mit einem gekonnt aussehenden Schwenk der Kamera. Über die gelungene Kameraführung war ich höchst beglückt, kam mir vor wie ein Altprofi. Das Paar kam schließlich zurück, ich hatte nochmals die Gelegenheit und folgte ihm wieder, bis es hinter dem Stadttor verschwand.
Alles war vorbei und schien gelungen, als ein Bundeswehrsoldat aus der ersten Reihe auf seinen Hauptmann zutrat, ihn fragte, ob er mich etwas fragen dürfe. Es wurde bewilligt, und mit einem schalkhaften Lächeln in den Augen kam er auf mich zu und fragte: »Sagen Sie mal, Herr Fischer, warum nehmen Sie eigentlich beim Filmen nicht die Schutzkappe vom Objektiv?«
Dem selbstlosen Einsatz von weiteren Bundeswehrsoldaten ist zu verdanken, daß ich das »Ding, das wie von selbst filmt«, nicht auf dem nächsten Bordstein zertrümmerte.
»Fischer«, habe ich mir tröstend gesagt, »bleib' bei deinen Noten«.

Komponieren

Zu einem wichtigen Bestandteil meiner Arbeit gehören Arrangieren und Komponieren. Wie bei allem, was man tut, steht am Anfang die Inspiration, die Idee. Sie kann angerissen sein durch ein Gespräch in der Familie, kann über eine Fernsehsendung kommen oder aus den Gedanken und Vorbereitungen zu einem bevorstehenden Fest. Die Idee zur Weltfriedensmesse hatte ich zum Beispiel im Flugzeug, als ich die gewaltige Christusstatue auf dem Corcovado über Rio de Janeiro aus dem Fenster sah.

Manchmal fallen mir spontan die Zeilen ein. Dann gehe ich ans Klavier, und in nur wenigen Minuten entsteht die Melodie. Diese lasse ich acht Tage lang liegen, spiele sie täglich ein oder zweimal durch. Vielleicht verändere ich noch Kleinigkeiten, komme aber meistens auf die Ausgangsmelodie zurück. Dann schreibe ich die Chorpartitur, kopiere sie und verteile sie schließlich an die Chöre. Bei der ersten Probe brauche ich oft nur Sekunden, um beim Singen festzustellen, ob die Komposition ein Erfolg oder ein Flop wird. Sie ist dann sicher ein Volltreffer, wenn der Chor sich durch nichts ablenken läßt und sich spontan an den Klängen erfreut und mitgeht.

Oft werde ich gefragt, was zugleich einen Vorwurf beinhaltet: »Warum komponiert der Gotthilf Fischer Lieder nur für bekannte Persönlichkeiten, Politiker etc.?« Zugegeben – einerseits gehört natürlich auch für mich Publicity zum Geschäft, wobei das bei mir nur die Wirkung, nicht die Ursache ist. Andererseits glaube ich fest daran, daß auch diese Menschen spüren müssen, daß Stimmen aus dem Volk sie in ihren Ideen und Taten unterstützen möchten. Sie sind in ihrer Position oft schon einsam genug, und deshalb möchte ich das was in meiner Macht steht, dafür tun, ihnen Mut zu machen, die Rädchen am Laufen zu halten.

Ob das Staatsmänner, Präsidenten, Topmanager, Repräsentanten sind, sie alle haben sich in den Dienst einer wichtigen

Sache zu stellen. Je mehr Macht sie ausüben, desto mehr sind sie allein. Auch diese Menschen brauchen persönlichen Zuspruch, eine, wenn auch kleine Hilfe. Sie können oft keinen Menschen, Freund fragen außer sich selbst. Sie würden zu viele unterschiedliche und sich gegenseitig ausschließende Antworten bekommen. Sie können nur tun, was sie im Moment für richtig halten, und sich dann an ihrem Erfolg oder Mißerfolg messen lassen. Um ihnen das Gefühl zu geben, daß sie in ihrer Verantwortung nicht ganz allein gelassen werden, komponiere ich für solche Menschen. In dieser Art der Arbeit fühle ich mich in bester Gesellschaft: Von Mozart über Beethoven, Schubert, Brahms, Johann Strauß, sie alle haben jeden sich bietenden Anlaß genutzt, statt eines anderen Geschenkes ein Lied, eine Komposition, mitzubringen.

Gewidmet König Carl XVI Gustav von Schweden
und Königin Silvia

Die Krone der Liebe

gemischter Chor

Musik: Gotthilf Fischer
Text: Siegfried M. Pistorius

Le-ben durch himm-li-sche Fü-gung von
Er-den, der Treu-e ge-lo-bet, um
Got-tes Hand ge-ge-ben, wenn Her-zen die
glück-lich zu wer-den. Es spre-chen die
Lie-be für's Le — ben ge-wählt, reicht man
Her-zen, wenn Men-schen sich ver-steh'n, es gibt
sich die Hän-de, weil nur die Lie-be zählt.
nur die Lie-be, und sie soll nie ver-geh'n.

Aus dieser Einstellung und Motivation heraus sind einige Beispiele entstanden: Das Hochzeitslied für Königin Sylvia von Schweden. Salopp könnte man sagen, sie sei der »beste deutsche Exportartikel« nach dem Krieg. Bei ernsthafterer Betrachtung können wir ihr alle nur danken. Durch ihren Schritt, Königin zu werden, hat sie mehr für die Völkerverständigung getan, als es Politiker am grünen Tisch bei unzähligen Verhandlungen zustande gebracht hätten. Für meine Person versuchte ich ihr den Dank mit dem Hochzeitslied auszusprechen. Natürlich habe ich mich wahnsinnig gefreut, als König Carl-Gustav von Schweden die überreichte Kassette nahm und sie in das Kassettengerät seines Porsche einlegte und das Lied von den Fischer-Chören gesungen über den ganzen Schloßhof erschallte.
Das Hochzeitslied für Prinzessin Anne hatte ich mit den Chören auf Schloß Langenburg, dem Sitz ihres Onkels, auf Band aufgenommen. Für mich sollte es daran erinnern, daß die Vorfahren des englischen Königshauses aus Deutschland stammen, auch wollte ich einen winzigen Beitrag zu einer

Gedankenbrücke zwischen Briten und Deutschen beisteuern.
Auf diese Weise entstanden auch Dankeslieder, wie z. B. ein Lied für unseren Bundespräsidenten Prof. Karl Carstens, oder das Lied »Heimatland-Vaterland«, welches ich unserem Bundeskanzler Dr. Helmut Kohl widmete. Dem Bundespräsidenten wollte ich damit für seine Volksnähe Dank sagen, dem Bundeskanzler mit meinen ganz bescheidenen Mitteln Mut zum weiteren Optimismus machen.
Ich habe keine andere Möglichkeit, die für unsere Gesellschaft entscheidenden Leute zu unterstützen, als mit meiner Musik, aber diese Möglichkeit versuche ich zu nutzen.

Der Sommer schenkt uns neue Kraft
die Ähren stehn in voller Pracht
2) o schöne Sommerszeit
Lobet, singet ....

Der Herbst erstrahlt in Farbenpracht
die Ernte wird nun eingebracht
3) o Schöne Herbsteszeit
Lobet, singet ...

Der Winter kommt mit weißem Kleid
das jedes Kinderherz erfreut
4) o schöne Winterszeit
Lobet, singet ...

Kostümprobe

An sich bin ich ein Mensch, der am liebsten alles schon »gestern« erledigt hätte. Es gibt aber etwas, vor dem versuche ich mich jedesmal so lange wie möglich zu drücken: die Entscheidung über die Chorkleidung.
Die letzte Einheitskleidung haben wir 1976 gekauft, und es

24 Besondere Höhepunkte, Konzerte im Petersdom, Rom 1976 und 1980

25 Ihr erstes Weltfriedenskreuz errichten die Fischer-Chöre am Königsstuhl in Rhens am Rhein, 20. September 1980

26 Empfang durch den Bundespräsidenten Karl Carstens in Bonn

27 Eröffnung der Bundesgartenschau Mannheim mit dem damaligen Bundespräsidenten Walter Scheel im Konzerthaus Rosengarten

ist längst Zeit geworden, sie zu erneuern. Ein ganzes Stadion mit 100 000 Besuchern zu dirigieren, zum Singen zu bringen, macht mir nichts aus, aber ich habe Angst davor, die Entscheidung über die Farben der Kleidung, welche die Chöre ja etwas länger tragen sollten, zu treffen. Gemeinsam mit mir schiebt der gesamte Vorstand diesen Punkt immer wieder weiter hinaus.
Da werden Firmen angeschrieben, oft zehn, manchmal zwanzig. An Samstagen von 14 bis 16 Uhr organisieren die angesprochenen Firmen dann für unsere lokalen Vorstände, den Gesamtvorstand und mich, ca. 100 Leuten, kleine private Modeschauen. Die erste Firma präsentiert herrliche, geschmackvoll arrangierte Modelle, vorgeführt von hübschen jungen Mädchen, alle Mannequinfigur. Die laufen über den Laufsteg, der Beifall ist gewaltig, nur die Kleider sind nicht zu gebrauchen. Stecken Sie mal eine Frau mit Kleidergröße 48 in ein Modell, welches Größe 38 hervorragend steht! Oder das künftige Modell für unsere männlichen Chormitglieder. Da tänzeln junge athletische Figuren über den Laufsteg – ich denke dann nur nebenbei an die mehr oder weniger großen Bierbäuche – und schon erübrigt sich die Entscheidung von selbst.
Bei der zweiten Firma sind es Kleider, die schon eher zu den von uns vorgesehenen Anlässen passen, ebenso festlich wie sportlich für Außenauftritte. Die Frauen können in ihnen auch ganz bequem über den Laufsteg und vielleicht noch über ebene Straßen gehen. Würde man mit ihnen aber versuchen, z.B. die oft steilen Stufen der Bühnen hinaufzuklimmen, gäbe es größere Schwierigkeiten. So geht das weiter und weiter. Mit viel Glück und längerem Sitzfleisch findet man bei der sechsten Firma und ihrer Modenschau etwas annähernd Passendes. Dann ist das nächste Problem zu bewältigen: die Größen, die von uns zwar auch gebraucht, aber in der Konfektion meistens nicht zu bekommen sind. Also werden Schneiderinnen angeheuert, die die Kleider nochmals auf Maß umarbeiten.

Meistens stellt man nach einem halben Jahr fest – so lange dauert die komplette Neueinkleidung etwa –, daß ein Großteil der Kleider schon nicht mehr paßt. So manches Stück Sahnetorte und mancher Sonntagsbraten veränderten im Laufe dieser kurzen Zeit die Figur. Dann beginnt die »große Tauschaktion« innerhalb der Fischer-Chöre. Es liegt in der Natur der Sache, daß nicht genügend Frauen und auch Männer schlanker wurden, wie es nötig wäre, um das Manko der gewünschten fehlenden Kleidergröße auf der anderen Seite auszugleichen.
Jeder ist nach einer solchen Aktion immer unglücklich. Alle Frauen müssen Abstriche machen. Das hat schon viele Tränen gekostet. Schließlich ist jedermann eitel.
Es gibt einfach keine Farbe, die allen steht. Die eine ist gertenschlank, mit langen blonden Haaren, die andere ist ein Pummelchen mit kurzen braunen. Es ist oft Zufall, wenn Kleidung und »Träger« zusammenpassen, aber eigentlich kommt keiner wirklich gut weg bei dieser Einheitskluft. Für das Gesamtbild unserer Auftritte ist sie wichtig und unumgänglich. Mit Farbe und Schnitt der Kleidung allein ist es noch nicht getan. Ein paar Anforderungen, die noch an Kleider gestellt werden müssen, sind auch noch zu beachten: Sie sollten pflegeleicht sein, berücksichtigen, daß man bei einer solchen Menschenmenge auf engem Raum stehend gehörig ins Schwitzen kommen kann. Man muß sich außerdem leicht in ihnen bewegen können. Sie müssen locker fallen, damit man sie im Winter und im Sommer einsetzen kann, im Winter mit etwas darunter, im Sommer ohne. Sie dürfen deshalb auch nicht sehr durchscheinend sein. Und nun zum größten Problem: Sie müssen preiswert sein. Mehr als 180 Mark darf ein Kleid, an das diese Fülle von Ansprüchen gestellt wird, nicht kosten. Auch wenn die Chorkasse die Hälfte der Kosten trägt, bleibt die Bühnengarderobe für die Chormitglieder eine teure Angelegenheit. Das ist auch mit ein Grund, warum wir nur ein Kleid haben. Eigentlich müßten wir fünf, sechs verschiedene Stücke besitzen, um bei unter-

schiedlichen Anlässen flexibler zu sein. Dies hätte noch den Vorteil, daß die Sachen nicht so arg strapaziert würden und dadurch auch länger hielten. Das aber ist keinem zuzumuten. Es gibt Familien, die sind zu sechst im Chor. Für die würde das bedeuten, bei einer Anschaffung »so nebenbei« mal eben 3000 Mark auf den Tisch zu blättern, die sie vielleicht für ihren Urlaub nötiger haben.
Ist dann endlich bei den Frauen, immer ungerecht für jede einzelne, eine Einigung erzielt, beginnt das ganze »Theater« von vorn bei den Männern. Hier wird zum größten Problem, durch deren Garderobe das Gesamtbild nicht zu unruhig werden zu lassen. Die Frauen tragen ja schon zweifarbige Kleidung. Es kann also keine Kombination sein, und der Anzug muß mit dem Kleid natürlich harmonieren. Außerdem muß er aber ebenso zum fröhlichen Sängerfest passen wie zur traurigen Beerdigung.
Und es ist kein Ende abzusehen: Nähert man sich der Premiere der neuen Garderobe, glaubt man endlich es jedem recht gemacht zu haben, brauche ich jedesmal mehr Zeit für Schlichtungsgespräche als zum Singen.
So kommt eine sehr gut aussehende 25jährige Frau zu mir mit Tränen in den Augen und sagt: »Schau mich an. Ich sehe aus wie ein Sack.« Sie hat recht. Sie schaut nicht vorteilhaft aus in der Kluft. Ihre ansehnlichen Formen bleiben darunter nicht nur verborgen, sie werden geradezu ins Gegenteil verkehrt. Ein Fall, den ich mit ein paar Worten noch geradebiegen kann, wenn ich ihr sage, sie hätte es doch gar nicht nötig, sich zu schämen. Schließlich kenne man keine, die in ihrer Privatkleidung so gut und vorteilhaft aussehe wie sie. Die Tränen weichen dann sehr schnell einem leichten geschmeichelten Lächeln. Weil diese Sängerin auch noch ein hübsches Gesicht hat, will ich sie in die erste Reihe stellen, und das kostet dann schon mehr Überredungskunst. Aber alles nichts gegen das Gespräch, das ich in vielleicht zwanzig Jahren genau mit dem gleichen Mädchen führen werde.
Im Laufe der Zeit ist sie dann innerhalb des Chores immer

weiter nach »oben« gerutscht, von der ersten Reihe in die zweite, dann in die dritte und nun steht sie inmitten der anderen wie viele, unsichtbar. Wie soll ich ihr dann erklären, daß ihr das Chorkleid steht? Sie hat ja schon als 25jährige genau gewußt, wie sie aussah, gewußt, was ihr stand und was nicht. Jetzt möchte sie, daß das Kleid ihre Taille verbirgt, weil die sich in die entgegengesetzte Richtung entwickelt hat, als es unter ästhetischen Gesichtspunkten wünschenswert gewesen wäre.
Mir ist es unangenehm, tut es leid, ihr tut es weh, wenn ich ihr erklären muß: »Du fällst da inmitten des Chors überhaupt nicht auf, und das Gesamtbild ist wichtiger als eine Person.« Sie kämpft dann zwar tapferer und erfolgreicher gegen ihre Tränen, aber ihre Eitelkeit ist doch geblieben, wie vor 20 Jahren. Und sie leidet unter dem Schicksal, in »diesen Klamotten« singen zu müssen, und ich kann von Glück sagen, wenn sie weiterhin mitmacht.
Wenn ich daran denke und eine Gelegenheit es erlaubt, lade ich sie vielleicht auf ein Glas Wein ein, und wenn ich dann bemerke, sie braucht ein paar Worte zur Aufmunterung, schwindle ich sie etwas an: »Es gibt doch Wichtigeres als Äußerlichkeiten.« Ich möchte dem Chor ihre schöne Stimme erhalten, die ich spätestens dann dringend brauche, wenn ich eine Schallplatte produziere.

»Nur« eine Schallplatte

Wenn man mit einem Chor wie ich schon mehr als 30 Langspielplatten produzierte, dann wird das Angebot an passender Musik immer dünner. Wie schwer ist es oft, eifrigen Plattenproduzenten beizubringen, daß nicht alles, was sich instrumental gut anhören mag, auch für einen Chor geeignet

ist. Halbwegs dieser oft mühsamen Diskussion zu entgehen, dauerte Jahre.
Eine große Schwierigkeit für einen Chor ist es, die Textverständlichkeit beizubehalten. Hört man eine Platte von einem 20-Mann-Chor besungen und hat schon da Mühe, dem Text zu folgen, dann hat es keinen Sinn, es mit noch mehr Sängern zu versuchen. Bei 800 oder noch mehr Stimmen muß das zum Debakel werden. Das schließt im Grunde schon alle schnellen Stücke von vornherein aus, und zwar aus physikalischen Gründen: Es ist die Geschwindigkeit, mit der sich der Schall bewegt.
Der Abstand zwischen der im Studio produzierten Musik, dem vielleicht in einem anderen Studio daraufgelegten Rhythmus und den schließlich in einer Messehalle singenden Chören beträgt bis zu dreißig Metern. Der Schall braucht zur Überbrückung dieser Distanz rund eine Sekunde. Wenn ich die Sänger auf die Musik singen lasse, sind sie grundsätzlich zu spät. In einem normalen Tonstudio wird deshalb die Aufnahme mit Kopfhörer gemacht, über den der einzelne Interpret die Musikinformation bekommt. Es wäre natürlich sinnlos, 1000 Kopfhörer zu verteilen. Ich kenne keine Studioanlage der Welt, die so viele Ausgänge hätte. Es grenzt schon an ein Wunder, trotz dieser Ausgangsposition den gigantischen Block von Chor auf das schmale Orchesterband zu bannen. Es gibt dafür nur eine Möglichkeit: Die Sänger und Sängerinnen kleben mit ihren Blicken an den Fingern des Dirigenten und singen genau auf seine Zeichen hin, nicht nach der Musikinformation, die sie mit rund einer Sekunde Verzögerung bekommen. Die Trägheit des menschlichen Ohrs ermöglicht es ihnen dann, über die Musik vom Band die Tonart zu kontrollieren in der sie singen müssen. Das ist der eigentliche Grund dafür, überhaupt das Orchesterband einzuspielen.
Ein bißchen Flunkern ist bei jeder Schallplattenaufnahme gezwungenermaßen unerläßlich. Würde ich den Chormitgliedern aber erzählen, was ich mit der Technik vor einer

Aufnahme alles besprochen habe, käme keine einzige Schallplatte zustande. Die Sänger müssen durchweg das Gefühl haben, alles laufe ganz leicht, ohne Probleme. Nur dann schaffen sie es, unverkrampft mit viel Geduld und auch Nerven über die Aufnahme zu kommen. Länger als zwei Stunden darf eine Plattenaufnahme nicht dauern: Die Stimmen werden dann müde; man erkennt es daran, daß sie dunkler werden. Man muß sich das anhand eines Gesprächs im Freundeskreis vorstellen. Alle sind anfangs wach, aufgekratzt. Man hört dies auch ihren Stimmen an: Sie sind lokker, fröhlich, hell. Geht der Abend ins Land, flachen die Stimmen ab, die Leute werden müder, bekommen einen lässigen, entspannten dunkleren Tonfall. Die Chormitglieder sollten möglichst in die Geheimnisse der Technik keinen Einblick haben. Ein Beispiel dafür: Da ist die erste Spur glücklich gemischt. Man besingt die zweite, man doppelt, wie es im Fachausdruck heißt. Plötzlich stellt man dann fest, die zweite Spur ist so gut, wie man es nie erwartet hätte. Man muß die erste Spur nochmals löschen, sozusagen die zweite zur ersten machen. Das kann ich meinem Chor aber so nicht erklären. Natürlicherweise werden die Sänger sagen, »wenn wir gut waren, warum sollen wir das denn noch mal machen«. Ich habe nur die Möglichkeit, sie ein wenig anzuschwindeln, zu sagen, daß wegen eines dummen technischen Defekts das Ganze ärgerlicherweise noch mal von vorne losgehen muß.
Man könnte in Anbetracht solcher Situationen zu der Frage verleitet werden, warum macht der Fischer seine Platten denn nicht mit Profichören, die muß er nicht in technischen Dingen »beschubsen«, die singen, wenn sie bezahlt werden und er ihnen das Zeichen gibt? Dazu gibt es zwei Antworten: So viele Menschen wären nicht bezahlbar für die Produktion, auch will ich keine Routine, sondern Begeisterung. Wenn ich merke, wie die vielen Menschen ihr Letztes für eine gemeinsame Sache geben, dann macht mir die Arbeit mehr Spaß, als wenn Leute ihr Können abliefern. Der Voll-

ständigkeit halber sollte hier gesagt werden, daß ich vom Erlös für die Interpretation aus einer Schallplatte nur 20 Prozent bekomme, der Rest fließt nach einem Punktsystem an die Chöre.
Der Unterschied zwischen einem Profi und einem Amateur ist auch gar nicht so groß, wie man sich das normalerweise vorstellt. Sicher, der Profi hat den Vorteil, seine Kunst studiert zu haben; er kann mit Noten, mit Partituren umgehen. Aber seine Erkenntnisse erwarb er im Einzelstudium, dessen unterschiedliche Schulen man sofort merkt. Der Amateur verläßt sich nur auf seinen Dirigenten. Deshalb ist es manchmal einfacher, mit Amateuren zu singen als mit Profis, weil man alles gemeinsam erarbeitet, während man bei den Profis eigentlich nur Noten verteilt und dann hofft, es würde gutgehen. Ohne überheblich sein zu wollen, aber ich könnte mit den 30 Besten aus den Fischer-Chören so manchen Berufschor auf den Platz verweisen. Leider gibt es einen solchen Sängerwettstreit nicht mehr, bei den »Profis« erst recht nicht. Noch ein nicht unerheblicher Unterschied: Die Profis würden wohl sagen, »was, Sängerwettstreit, klar gehen wir dahin, . . . gegen die Fischer-Chöre! . . . noch lieber. Was bringt das denn?« – Nichts, nur um des Spaßes wegen. – »Was, . . . nichts? . . . dann wollen wir das mal lieber gleich vergessen. . . . 500 Mark für jeden muß da schon rausschauen.« Die Amateure treten an, weil es ihnen Spaß macht. Leider sind diese Chorwettbewerbe, aus welchen Gründen auch immer, vom Deutschen Sängerbund abgeschafft worden. Keiner ist wohl darüber trauriger als ich.

Sängerbund wach auf

Menschen brauchen, wovon ich überzeugt bin, den Wettstreit, müssen sich, schon um sich in den Leistungen zu steigern, aneinander messen. Wer könnte sich ein Fußballspiel

ohne Ergebnis und Tabelle vorstellen? Was hält denn sonst die Amateure bei der Stange? Hier denke ich nicht an die Profis, da weiß ich, was sie dabei hält, Geld. Aber was ist der Anreiz für Amateure, die diese »Motivation« nicht haben? Es ist die Möglichkeit, von der Kreis- in die Bezirksklasse aufzusteigen, von dort in die Landesliga bis hin zur Bundesliga. Selbst dort gibt es noch die Chance, in die Nationalmannschaft berufen zu werden. Ein Anreiz also über das Geld hinaus, denn das kann es doch alleine nicht sein. Gut, der Marktwert kann bei gutem Spiel vor internationalem Publikum steigen, aber die Motivation ist der Anreiz, zu den Besten gehören zu dürfen. Eine Erkenntnis, die an den Herren im Vorstand des Deutschen Sängerbundes vorübergegangen zu sein scheint. Sie haben den Sängerwettstreit abgeschafft.
Obwohl die Fischer-Chöre pünktlich ihre Beiträge an den Schwäbischen Sängerbund und damit an den Deutschen Sängerbund überweisen, also Mitglieder sind, beherrschen unergründliche, oft nichtige Animositäten die Szene. Ein anderer hätte wohl die Auszeichnung für 25jährige und für 30jährige Dirigententätigkeit bekommen, ich bekomme sie nicht, wegen der Eifersüchteleien über meinen Alleingang. Ganz offen und ehrlich, ich habe es nicht nötig, den schon zahlreichen Ehrungen die Ehrennadel des Deutschen Sängerbundes hinzuzufügen, deshalb hoffe ich auch, nie diese Auszeichnung zu bekommen. Für meine Chöre hingegen tut es mir leid. Zusammen trugen wir das Liedkulturgut des deutschen Volkes in die ganze Welt hinaus, und so gesehen haben wir den Auftrag für den Deutschen Sängerbund erfüllt, was nicht zur Kenntnis genommen wird. Ich ärgere mich nicht wegen mangelnder Anerkennung, ich ärgere mich über die verpaßten Gelegenheiten. Wäre ich Vorstandsvorsitzender des Sängerbundes gewesen, ich hätte Gotthilf Fischer zur Gallionsfigur gemacht, ihn werbemäßig für mich und mein Anliegen benutzt.
Aber nichts dergleichen ist geschehen. Ich habe es immer wieder versucht, die Medien für das Volkslied zu öffnen, für

den Chorgesang von Amateuren schlechthin. Man nimmt es weder zur Kenntnis, noch sieht man die Wege, die Bedeutung, die sich für den Zusammenschluß aller Chöre auf bundesdeutschem Boden ergeben könnten. Ich versuchte jede Möglichkeit zu nutzen, im Fernsehen die Menschen aufzufordern, in die Chöre an ihren Heimatorten zu gehen. Die Quittung für diese Anregung waren »schlimme Artikel« in den Sängerzeitungen. Man kann sich nur noch an den Kopf fassen, sich fragen, wieviel Überheblichkeit da noch nötig ist, um die Gesangvereine endgültig zu Grabe tragen zu können.

Diese Prognose ist noch nicht einmal übertrieben, man kann das jetzt schon erleben. Vor gerade 15 Jahren gab es in einem Gebiet noch 70 Männerchöre. Heute kann ich von Glück sagen, noch gerade drei Chöre zusammenzubringen, die einen richtigen Männerchor singen können.

Ich behaupte sogar, daß das deutsche Sängerleben sich auf ein Abstellgleis manövriert hat. Ich unterstelle dem Sängerbund keine Absicht, aber die jetzigen Vorstände trugen kräftig dazu bei. Es ist z. B. versäumt worden, sich rechtzeitig um Nachwuchs zu kümmern. Vor allem in den sechziger und siebziger Jahren wurden die neuen, modernen Kompositionen sträflich vernachlässigt, so entstand ein Riesenloch an verfügbaren Kompositionen. Es wurde versäumt, die Jugend zu begeistern. Das Durchschnittsalter eines normalen deutschen Männerchors liegt nach meiner Schätzung bei fast 60 Jahren. Auch haben die Chöre sich fast alle zu wenig um die Öffentlichkeitsarbeit bemüht. Wie oft wartete man in einer Kleinstadt sehnsüchtig Jahrzehnt um Jahrzehnt darauf, das 50jährige Jubiläum zu feiern, um wenigstens einmal mit einem winzigen Zweispalter in der lokalen Zeitung zu erscheinen. Die Proben verliefen intern, von der Außenwelt abgeschirmt. Ein Jahr lang wurde geübt und noch mal geübt, um auf der internen Weihnachtsfeier ein Konzert, meinetwegen von zwei bis drei Stunden, geben zu können. Ich halte so etwas für Schwachsinn! Wer sich zur Aufgabe macht, das Lied-

kulturgut zu pflegen, der muß raus in die Öffentlichkeit, in die Medien. Wo sollen sonst die neuen Mitglieder herkommen oder angeworben werden?
Es muß aber noch nicht zu spät sein, einfach deshalb, weil ich daran glaube, daß jeder Zeitpunkt der richtige ist, um etwas anzufangen, nicht weil ich davon überzeugt bin. Hier bleibt nur zu sagen: Sängerbund wach auf. Versuche die Jugend zu begeistern!
Man kann heute wie früher mit Jugendlichen reden, man darf dabei nur nicht versuchen, sie »zurechtzubiegen«, damit sie in ein gewünschtes Schema passen. Allerdings muß man auf die Jugendlichen zugehen, muß sich eingehend mit ihnen und ihren Ansichten beschäftigen.

Der Zufall wollte es, daß ich einmal mit Punkern zusammentraf. Es war bei einer Open-Air-Veranstaltung in Hamburg. Viele Menschen mittleren und älteren Jahrgangs und eine Handvoll Punker waren da. Ich sah nicht die Lederjakken, nicht die blauen und grünen Haare, nicht die Sicherheitsnadel des einen, die er sich durch die Wange gestochen hatte. Ich hatte die Jungen »nackt genommen« und sprach sie fast kumpelhaft an: »Singen wir was zusammen?« Sie reagierten zunächst unsicher, abwartend, ablehnend. »Sollen wir nicht mal sehen, ob die ›Alten‹ eure Musik singen können?« – »Klar, können die sowieso nicht«, war die Antwort. Ich konnte ihnen sogar das Versprechen abnehmen, daß wir danach auch etwas anderes zusammen singen würden – und es wurde eine Brücke über Generationen. Die älteren sangen die jungen Schlager mit, falls sie den Text nicht konnten, summten sie immerhin. Anschließend sangen wir wie versprochen mit den Punkern »Auf der schwäb'schen Eisenbahn« und ähnliches. Alle, auch die Punker waren nachher der Meinung, »das war riesig«! Einer nach dem anderen kam später – nur nicht zusammen, könnte ja auffallen –, fragte mich etwas verstohlen nach einem Autogramm. Während ich den einen oder anderen Wunsch erfüllte, wollte ich so nebenbei wissen: »Mal ehrlich, doch nicht für euch?« Für einen Moment drucksten sie herum und stotterten verlegen, »für die Oma« oder »für die Mutti«, die freuen sich so darüber. Meistens folgte noch ein Nachsatz, »vielleicht machen die dann einen Hunderter locker, wenn sie erfahren, daß wir mit Gotthilf Fischer Lieder sangen«. Aber der Grund war mir nicht so wichtig, wichtig war nur, daß sie sich getrauten, mit einem Vertreter der Generation, die sie eigentlich zum Teufel wünschen, von Mensch zu Mensch zu reden und in diesem besonderen Fall sogar zu singen. Es ist doch noch nichts verloren bei uns. Davon bin ich überzeugt. Es waren durchweg nette Jungs, auch wenn das äußere Erscheinungsbild darüber täuschte. Man muß sie nur ernst nehmen. Die Generationen sprechen eine unterschiedliche Sprache, und man muß nur bereit sein, sie zu lernen.

Es fiel mir schon öfter auf, wenn ich einen Witz erzählte – ich mache das zur Kontrolle ab und an bei den Proben –, daß die verschiedenen Generationen in meinen Chören gar nicht an den gleichen Stellen lachen. Erziele ich im Erwachsenenchor einen fetten Lacher, reicht es bei den Jugendlichen vielleicht noch gerade, die Mundwinkel zu verziehen. Die Kinder reagieren schon gar nicht mehr, vielleicht weil sie die Pointe nicht verstehen. Aber so unterschiedlich ist die Auffassung und Deutung innerhalb der Generationen. Den Kindern kann man keinen Vorwurf machen, den Jugendlichen sicher auch nicht, aber uns, den Älteren. Wir haben uns alle, ich behaupte ohne Ausnahme, mehr um den wirtschaftlichen Fortschritt als um das Behütetsein der Kinder gekümmert. Wie war das bei mir? Als ich so alt war wie eben diese Punker, mußte ich meine »Entnazifizierung« mit 17 über mich ergehen lassen. Ich hielt diesen Vorgang für so unsinnig, wie die heutige Jugend vieles von dem für unsinnig hält, was meine Generation mit ihnen macht. Der einzige Unterschied besteht darin, daß meiner Generation – wie Beispiele aus Politik und Gesellschaft zeigten – der Verlauf der Geschichte schon Recht gegeben hat. Tatsächlich war ich

»Stammführer« an der Lehrerbildungsanstalt in Esslingen. Irrsinn in so jungen Jahren, aber es gab keine anderen, die damals älter waren. Die waren im »Heldengrab« oder in der Gefangenschaft. Auch hatte ich den Ehrentitel »Kreischorleiter«. Nach Kriegsende mußte ich eines Tages aufs Rathaus. Dort lagen Listen aus, in denen Dienstgrade, Offiziersränge und Bezeichnungen aus dem Hitler-Regime verzeichnet waren. Jeder hatte an der ihn betreffenden Stelle sein Kreuz zu machen. Ich konnte mich bemühen wie ich wollte, zwar fand ich den »Stammführer«, aber den »Kreischorleiter« konnte ich beim besten Willen nicht entdecken. Ohne »Kreuz« ging ich also wieder nach Hause. Kurze Zeit später fand ich eine Benachrichtigung im Briefkasten. Unverzüglich sollte ich mich auf dem Rathaus melden. Die »berufsmäßigen Entnazifizierer« erkundigten sich nach meiner Stellung im Dritten Reich. Freimütig gab ich Auskunft: »Kreischorleiter.« Danach war ich entnazifiziert. Sie konnten diesen Titel auf ihrer Liste ebenfalls nicht finden.
Es kam die Zeit, in der ich wie alle anderen ums Überleben kämpfen mußte. Man legte damals weniger Wert darauf, die nächsten tausend Mark für den Monat zu verdienen, vorrangig war zunächst, genug zu Essen zu organisieren, damit man nicht verhungerte. Die anschließenden Jahre galten dem Wiederaufbau und der Lebenssicherung, in etwa in der Reihenfolge: Etwas zu essen, eine Wohnung, ein Radio, ein Moped, ein Fernseher, ein Auto und schließlich Reisen. Sehe ich mich heute so bei der Jugend um, dann stelle ich manchmal kopfschüttelnd fest: Essen ... ist da, Wohnung ... ist da, Radio, Fernseher hat fast jeder auf seinem Zimmer, wenn es noch kein Auto ist, das Mofa bezahlen die Eltern, und mehr von der Welt sehen sie auch als wir damals mit dem Finger auf der Landkarte erträumt hatten. Ich verstehe nur zu gut, daß für unsere Jugend das Leben, welches sie eigentlich noch vor sich haben, unter den Ansprüchen meiner Generation längst nicht mehr möglich zu sein scheint. Und ich verstehe auch, daß die jungen Leute sich in Diskotheken mit Rhyth-

men vollballern lassen, um bloß nicht denken zu müssen. Aber nicht sie tragen die Schuld an diesem Mißstand, wir tun es, die Älteren, die im Kampf um Dasein und Fortschritt versäumten, uns um das Wesentliche zu kümmern, um unsere Kinder. Was uns bleibt, ist zu hoffen und wenn möglich zu helfen. Oft können wir es gar nicht mehr, zu sehr ist die Zeit an uns vorbeigeeilt, müssen sich die nachfolgenden Generationen von selber auf die Füße stellen, so wie wir es nach Kriegsende mußten. Was uns bleibt ist vielleicht, ganz vorsichtig, ohne gleich die Jugendlichen zu verprellen, in geringem Maß dazu beizutragen.
Vielleicht wäre ich, 1967 geboren, auch ein Punker geworden. Deshalb können mich »die« auch nicht aus der Fassung bringen. Dazu war eher schon eine ganze Halle voller Japaner notwendig. Mit meinen Chören sang ich Volkslieder vor eben diesem Publikum. Unter anderem stimmte ich an: »Sah ein Knab' ein Röslein steh'n«. Ich traute meinen Augen und Ohren nicht, wie ein Mann standen alle Japaner auf, legten die Hände an die Hosennaht und sangen aus voller Kehle mit. Erst nach der Veranstaltung erfuhr ich den Grund: Dieses Lied gehört in Japan zum Schulunterricht.

Fernsehen

Mit dem Fernsehen hatte ich auch so meine Schwierigkeiten. Endlich kam nach längeren Verhandlungen ein allen passender Termin zustande. Am Vortag der ersten Probe um neun Uhr morgens, klingelt in meinem Haus das Telefon. Vom Produktionsbüro des Fernsehens wird durchgegeben: »Die für 16 Uhr angesetzte Probe ist auf 14 Uhr vorverlegt.« Die Leute übersahen zunächst, daß es sich bei meinem Chor nicht um einen Einzelinterpreten handelt, sondern daß festgesetzte Zeiten eingehalten werden müssen, weil gerade bei

uns jede Reise, egal wohin, in der Vorbereitung einem Feldzug gleichkommt. Im Dilemma nicht umwerfen zu wollen, rufe ich beim Sender in der Regie zurück. Dort erfahre ich vom Regisseur, einem normalerweise qualifizierten Mann, die Begründung: »Ja, wir müssen um 14 Uhr anfangen. Es handelt sich um eine Live-Sendung und wir wissen nicht, ob es abends regnet.« Er erklärte mir den logischen Zusammenhang zwar nicht, noch fragte ich danach und meinte schließlich etwas irritiert: »Woher um Himmels willen wollen Sie, statt um 16 Uhr um 14 Uhr wissen, ob es abends regnet?« Seine Antwort war einfach und verblüffend: »Ja, da haben Sie auch wieder recht, lassen wir es bei der Probe um 16 Uhr.« Ich habe aufgehört, mich über so was zu wundern. Lachen kann ich schon lange nicht mehr darüber.
Ein andermal sollten wir zu einer Fernsehaufnahme in eine Sektkellerei. Plötzlich knallte an der für die Regie unpassenden Stelle ein Korken. Ich hatte mich köstlich darüber amüsiert. Doch die Regie war anderer Meinung und wollte das ganze Lied noch mal von vorn. Ich habe dem Regisseur vergeblich versucht zu erklären, daß es ja wohl das Außergewöhnlichste nicht sei, wenn ausgerechnet in einer Sektkellerei mal ein Korken knallen würde. Seinem Gesichtsausdruck war aber zu entnehmen, daß jedes weitere Wort unnötig gewesen wäre. Also wandte ich mich erneut dem Chor zu: »Bitte, alles noch einmal von vorn.«
Häufiger fiel mir bei solchen Situationen ein: Der Humor von Fernsehmachern, die sich ausschließlich mit Unterhaltung befassen, muß der gleiche sein wie der von Komikern zu Hause, die daheim – angeblich – nie lachen.
Bei solchen Gelegenheiten kann es schon mal vorkommen, daß ich 500 Leute in Bewegung setze, die den ganzen Tag herumsitzen, um sie abends wieder nach Hause zu fahren, ohne daß sie einen einzigen Ton gesungen hätten. Man war mit der Probenzeit halt nicht zurechtgekommen, heißt es dann. Dafür hatten aber alle einen Tag Urlaub genommen; die Laune beim nächsten Termin ist dann auch dementsprechend.

Doch gibt es auch Probleme ganz anderer Art. So muß ich mit der Regie absprechen, welche Sängerinnen sie sich in der ersten Reihe vorstellen; welche Gesichter kommen dafür in Frage, wo sind die Blickfänger einer Massenaufstellung zu postieren?
Besonders schwierig ist es, dem Amateur nahezubringen, daß die Wiederholungen nötig sind. Arbeitet ein Regisseur mit vier Kameras, muß er den Titel erst mal abfahren, um sich das für seine Arbeit notwendige Bild zu machen, allein schon deshalb, damit die Verständigung mit seinen Kameraleuten klappt. Meine Aufgabe bleibt, dies den Chören zu vermitteln, denn die meinen natürlich, daß sie immer nur dasselbe tun.
Was auf der anderen Seite bei Amateuren erfreulich ist: Sie sind auch bei Vollplayback nahezu immer synchron. Was daran liegt, daß sie jeden Titel ja mitsingen und auch miterleben. Darin liegt oft die einzige Möglichkeit, mit ihnen eine Aufzeichnung bewerkstelligen zu können. Denn im Gegensatz zum Profi erkennt man am Gesicht des Laien sofort, ob er wirklich singt oder nur mimt.
Wie oft kommt es vor, selbst wenn ein Sänger im Chor den ganzen Tag fleißig und voller Engagement mitmacht, daß er nicht einmal im Bild auftaucht. Die Interessen der Regie stimmen natürlich grundsätzlich nicht mit denen eines Sängers überein, was durchaus Enttäuschung in ihm aufkommen läßt. Wichtig ist auch bei der Filmerei, daß der Sänger nicht unmittelbar in die Kamera schaut. Selbst wenn es nur ein kleines Zwinkern ist, das er der Frau oder dem Sohn, der Tochter oder den Eltern daheim über den Sender schicken will – was privat völlig zu verstehen ist –, heißt das für alle, »alles von vorn«. Manchmal ist es schwer, der Regie folgend, den Leuten sagen zu müssen, »für den Titel und das Drehbuch seid ihr zu alt«. Die sagen dann mit Recht: ». . . aber wir singen ihn ja auch.«
Fernseharbeit erfordert sehr viel Disziplin von den Chormitgliedern, generell von allen Beteiligten. Da kann eine Stunde

lang mühevoll eine bestimmte Einstellung geübt werden, die dann nicht zustande kommt, nur weil plötzlich Regen einsetzt.
Unangenehm und schlimm kann es werden, wenn Chorkleidung gefragt ist, die aber je nach Witterung für den einzelnen zu kalt wird. Durch viel Praxis stellten sich die Sängerinnen und Sänger inzwischen ein »Fernseh-Überlebens-Set« zusammen. Jeder entwickelte da seine eigene Methode. Die nicht durchscheinende Unterbekleidung stellt beinahe jeden Wintermantel in den Schatten. Des weiteren gehört zum Set: Nähzeug, Fön, Bügeleisen und ... und ... und.
Ganz wichtig, schier unerläßlich ist weiter, im richtigen Augenblick freundlich zu sein, sich und die Lieder lächelnd zu präsentieren. Um dieses Ergebnis auch zu erreichen, wird der Dirigent häufiger zum Clown. Er zieht Grimassen, versucht mit Gesten die Leute zum Lachen zu bringen, sie aufzulokkern. Besonders peinlich wird es, wenn ich dann bei solchen komischen Einlagen auf der Mattscheibe bin und die Aufnahme meinetwegen wiederholt werden muß.

Erholsam, auch entspannend kann es werden, wenn die anderen Fehler machen. So mancher Kameramann, der sonst nur im Studio arbeitete, mußte unter freiem Himmel dazulernen. So hatte die Regie für eine Veranstaltung beim WDR einen Riesenkran ausgeliehen. Man stellte sich sehr originell vor, wie gut es aussehen müßte, wenn während der Aufnahme der Kran von dem Chor wegfährt und auf diese Weise immer mehr Sänger ins Bild kommen. Schön und gut, aber dabei hat keiner daran gedacht, daß zwangsläufig die Leute dadurch auch immer kleiner werden und die erdachte Wirkung eine ganz andere sein würde. Häufig entdeckt man während der Aufnahme, daß das eine oder andere Chormitglied das Notenheft aus der Tasche zieht, reinschaut und vergißt, daß genau in dem Moment die Kamera mitgelaufen ist. Der Neuanfang kostet viel Zeit und auch Geld.
Was die Kamera wiederum nicht stört, das Singen aber zur

28 Empfang im Weißen Haus durch US-Präsident Jimmy Carter

29 Die Fischer-Chöre vor dem Capitol in Washington beim Singen der Nationalhymne Amerikas und Deutschlands

Schwerstarbeit werden läßt, ist leichter Nieselregen, der im Bild nicht oder kaum zu sehen, von den Chören aber zu spüren ist. Machen Sie mal ein freundliches Gesicht, wenn es immer nasser wird, der Regen in den Kragen zu laufen beginnt, die Frisuren sich auflösen und die Schminke im Gesicht verläuft.

Erst unlängst hatten wir eine genau abgezählte Personenzahl zu einem Fernsehauftritt mitgenommen: 50 Damen, 50 Herren. Wie es der Teufel will, hatten zwei der Damen ihr Chorkleid vergessen: Dieses Kleid war aber von der Regie ausdrücklich verlangt. In Eile durchstöberten sie die umliegenden Kaufhäuser nach ähnlichen Kleiderstoffen, die Requisite nähte dann kurzerhand die Kleider. Alles war pünktlich überstanden, da fiel der Regie ein, den Auftritt doch lieber in Zivilkleidung zu machen.

Bei einer anderen Fernsehproduktion mußte bei Filmaufnahmen ein wohlbeleibter Kameramann für seinen »Schuß« tief in die Knie gehen. Bei der vorletzten Bildeinstellung brüllte der ganze Chor plötzlich vor Lachen. Darüber konnte der Kameramann selbst nicht lachen. Wütend schrie er dem Chor zu: »Das wäre die Einstellung gewesen, wenn ihr sie nicht geschmissen hättet.« Einer rief ihm zu, es wäre besser gewesen, wenn er sich statt um uns, um seine Hose kümmern würde. Sie war vom Schritt bis zum Bund aufgeplatzt und er schaute aus wie ein Pavian, nur nicht so rot an eben dieser Stelle.

Was beim Fernsehen alles möglich ist, selbst Jahreszeiten zu ignorieren, konnten wir in Österreich miterleben. Man bekommt schon ein eigenartiges Gefühl, wenn Handwerker im April in einem Gebirgsdorf im Bregenzer Wald einen Weihnachtsmarkt aufbauen, vorher nicht eingeweihte Urlauber ins Dorf kommen und dem Weihnachtsmann begegnen. Spätestens als die Riesentonsäule von »O du fröhliche« im Tal stand, klingelten auf dem Bürgermeisteramt die Telefo-

ne. Abgelegene Bergbauern, Dorfbewohner, erkundigten sich wohl, ob sie sich im Kalender vertan hätten oder wer da spinne.
Der Grund für diesen jahresfremden Aufwand war folgender: Wir mußten eine Weihnachtsproduktion zweimal verschieben, weil in »absolut schneesicheren Gebieten« auch nicht ein kleiner Rest der weißen Pracht mehr lag. Für uns, mühsam am Ziel des Drehortes angelangt, hieß das immer: »700 Mann kehrt Marsch.« Der erste Termin war im Frühjahr angesetzt, der zweite im Oktober, der dritte schließlich im November. Als wir drei Tage glücklich abgedreht hatten – der Drehort in den entlegenen Gebieten konnte nur mit Pferden, Schleppern, Motorrädern, Jeeps erreicht werden –, schneite es plötzlich ununterbrochen. Zwei Tage vor Sendung sind wir dennoch fertig geworden, die letzten Szenen sind im Schnee versackt.

Ein andermal, während einer Fernsehaufzeichnung im Weinkeller, meinte es der Kellermeister sehr gut mit meinen Chören. Ohne Probleme ging die Aufzeichnung im Keller über die Bühne, jeder fühlte sich in dem kühlen Gewölbe wohl. Als wir draußen weiterdrehen wollten, mußte eine Zwangspause von zwei Stunden eingelegt werden. Die Chöre hatten sich »übernommen«, dies aber erst gemerkt, als sie an die frische Luft kamen.

Mit einem Neckarschiff sollten wir von Stuttgart nach Heilbronn fahren. Wir stiegen ein, und endlich nach ein paar Kilometern stand der Chor komplett für die Aufnahmen bereit an Deck. Die Regie gab das Zeichen »Band ab«. Nach ein paar Sekunden kam über den Lautsprecher die Information: »Band fehlt«. Riesengelächter an Deck – Krach in der Regiekabine. Das Schiff lief nach Fahrplan, auch das Band noch zu besorgen wäre unnütz gewesen, die laut Drehbuch vorgeschriebenen Motive waren längst aus dem Hintergrund verschwunden. »Ein Drehtag im Eimer.«

Es kam auch schon vor, daß wir herrliche Playbacks im Studio einspielten, die wir bei der anschließenden Außenaufnahme nicht verwenden konnten, weil jeder sofort den »Halleneffekt«, bemerkte.

In der freien Natur haben Sänger, die sonst nur in Bayreuth auftreten, schon für manchen Lacher gesorgt. Wie oft hatte man vergessen, ihnen zu sagen, daß es sich um Außenaufnahmen handle, und sie kamen statt im Straßenanzug im Smoking auf die grüne Wiese. Regelmäßig Pause für den Chor: »Die Drehaufnahmen werden um zwei Stunden verlegt.«

Ein Spaßvogel in unserem Chor brachte einmal eine ganze Aufzeichnung durcheinander und zwang den Chor, sie zu wiederholen. Wie alle anderen hatte auch er sich darüber geärgert, vom Notenblatt ablesen zu müssen. Für uns völlig unüblich, weil die Sänger sich ja auf den Dirigenten konzentrieren sollen, was bekanntlich voraussetzt, daß jeder Ton und jede Silbe sitzt. »Wozu also Notenblatt?« Der Grund war »stichhaltig«, die Regie wollte es so. Zuerst bekam ich von diesem Vorgang gar nichts mit. Die Regie machte mich darauf aufmerksam. »Da geht immer einer von der einen Seite zur anderen.« Tatsächlich, besagter Sänger marschierte hinter den Reihen her, von der einen Seite des Chors auf die andere und wieder zurück, sang dabei aber völlig konzentriert ohne mit der Wimper zu zucken mit. Als ich ihn daraufhin fragte, was er denn vorhabe, antwortete er von sich überzeugt: ». . . steht hier im Notenblatt: gehend [Tempobezeichnung] zu singen.« Den Humor des Chores, der natürlich darüber herzhaft lachen mußte, konnte der Regisseur nicht teilen. Es war mir nicht möglich, ihm zu erklären, daß das doch ein Riesengag sei, über den die Zuschauer sicher lachen würden. Wir fingen noch mal von vorne an.

Nach einer anderen Fernsehaufzeichnung mußte ich – sie war um 19 Uhr beendet – um 20 Uhr zu einem Live-Konzert. Die Busse waren schon gestartet, ich wurde aber wie so oft aufgehalten und kam schließlich mit hängender Zunge an. In der Garderobe, schon in Unterhosen, da bemerkte ich, daß mein Anzug fehlte. Die Garderobiere im Studio hatte vergessen, ihn mir einzupacken. Pünktlich auf die Sekunde ging der Vorhang auf, wer aber nicht da war, war ich, der Dirigent – schließlich konnte ich schlecht so auf die Bühne. Inmitten des Publikums entdeckte ich zufällig einen Mann, von dem ich glaubte, er könnte meine Figur haben, und ließ ihn in die Garderobe bitten. Als er vor mir stand, ich immer noch nur mit dem Hemd bekleidet, sagte ich etwas barsch: »Ausziehen . . . die Jacke, her damit!« Entsetzt über meine rüde Forderung machte er eine abwehrende Handbewegung, »rückte« die Jacke dann aber nach weiteren aufklärenden Worten heraus. Sie paßte! – »Die Hose . . . schnell!« Er zog auch die Hose aus, ich streifte sie blitzschnell über. Auch sie paßte! Das Publikum murrte schon ungeduldig, weil ich immer noch nicht auf der Bühne stand. Der Chor wurde ebenfalls nervös. Mit seinen Schuhen – genau zwei Nummern zu groß – betrat ich endlich das Dirigentenpult, begründete kurz meine Verspätung. Es wurde mir verziehen. Am Schluß des Konzerts meinte ich dann etwas provozierend zum Anzugbesitzer: »Wenn Sie jetzt den Mut haben, dann kommen Sie mit auf die Bühne.« Er hatte sich das Konzert hinter dem Vorhang sitzend angehört. Und tatsächlich, er kam wie er war, »strumpfsockert« mit weißem Oberhemd, und erhielt mit Sicherheit den größten Applaus seines Lebens.

Guter Rat ist oft teuer

Steht man, wie ich, in der Öffentlichkeit, kann es mitunter schwierig werden, die Wünsche und Sorgen eines jeden Menschen gleichermaßen zu berücksichtigen; vieles gerät nicht aus Böswilligkeit, vielmehr aus Unwissenheit und im guten Glauben in falsche Bahnen. Positive wie auch negative Beurteilungen liegen oft ganz nahe beieinander: Nach Geglücktem ist man der Gewinner für die einen – ein »Wichtigmacher« für die anderen. Hält man sich jedoch aus Bescheidenheit zurück, wird man voreilig zum »Versager« abgestempelt. Da ist guter Rat oft teuer. Hätte ich versucht, es allen recht zu machen, jeden Rat zu berücksichtigen, die Fischer-Chöre würden heute nicht existieren.

Schon nach den ersten drei erfolgreichen Jahren von 1946 bis 1949 hörte ich den Rat von Fachleuten, ich müsse mich schleunigst umstellen und mich unbedingt der zeitgenössischen Musik widmen. Für die Anregung zunächst dankbar, befaßte ich mich monatelang damit, konnte aber letzten Endes keinen Sinn darin finden, auf diese Weise Amateure wie auch Profis zu begeistern. In mir war das natürliche Empfinden eines Sängers, der fühlte, daß es völliger Quatsch sei, die alten Volkslieder so zu verfremden, daß keiner mehr einen Zusammenhang zwischen Text und Melodie erkennen kann. Es ist doch barer Unsinn, Lieder zu singen, deren Inhalt die Chormitglieder nicht verstehen, ja nicht einmal der Chorleiter nachvollziehen kann. Nur um »in« zu sein glaubte man, der richtige Weg für die Zukunft sei, den Chören »Neues« beibringen zu müssen. Aus sicherem Gefühl heraus bemerkten die Sänger und Sängerinnen die zu erwartenden Zwänge und lehnten die Vorschläge glücklicherweise ab.

Daß diese Entscheidung zugunsten des »einfachen« Volksliedes richtig war, zeigte ein jährlich veranstaltetes Fest für zeitgenössische Chormusik in Ludwigsburg. Trotz aller Bemühungen der Veranstalter war es sogar mit Freikarten nicht möglich, die Zuschauer und -hörer anzulocken. Das Ergebnis: Die Chöre mußten sich gegenseitig etwas vorsingen, damit überhaupt jemand zuhörte. Aber dies war immer noch nicht ausreichend, um die Chöre von ihrem Weg abzubringen. Am Ende könnte kein Berufschor mehr ein Vorbild für die Amateure sein, weil die Kompositionen viel zu schwierig wären.

»Das absolute Ende der Fischer-Chöre« wurde mir erneut vorausgesagt, falls ich es wagen sollte, mit meinen Chören bei der Fußball-Weltmeisterschaft 1974 in München zu singen. »Kein Mensch würde zuhören in dem Riesenstadion.« Nachdenklich gestimmt überlegte ich mir eine Kombination aus Choreographie und Musik. Es wurde der bis dahin größte Erfolg.

»Bloß nicht auf aktuelle Schlager gehen«, »nur nicht an Klassik rühren«, »nichts verändern, das kann nur in die Hose gehen«! – Mein erzieltes Ergebnis zeigt nur, daß ich den richtigen Weg einschlug: Ohne die nicht zu zählenden Raubpressungen wurden in aller Welt acht Millionen Langspielplatten verkauft. Die Umsetzung von »Freude schöner Götterfunken«, Beethoven, in modernem Rhythmus, wurde zu einem meiner größen Welterfolge.

»Du kannst keine Menschen zum Singen überreden«! hieß es laufend. »Ich kann . . .«, dachte ich mir, und verteilte bei Sing-mit-Veranstaltungen einfach Texte und brachte damit bei Freilichtveranstaltungen Hunderttausende zum gemeinsamen Singen.

»Mit so vielen Menschen kann das gar nicht gehen«, war ein weiterer Einwand. Dazu muß ich sicher nichts mehr sagen. Häufig setzte ich mich über Meinungen, mitunter auch über Verbote hinweg. So auf dem Wiener Zentralfriedhof, als ich Robert Stolz einen letzten Wunsch erfüllen durfte. Hätte ich mich an das gehalten, was Kirche und Offizielle mir vorschrieben, wäre es sicher anders gekommen. Gegen das ausdrückliche Verbot von höchster Stelle verabschiedete ich ihn nicht nur mit einem vereinbarten Choral, sondern zusätzlich mit seinem von ihm komponierten Lied »Adieu du kleiner Gardeoffizier«, gesungen von 300 Sängerinnen und Sängern der Fischer-Chöre. Erst da schienen mir die ungeheuer vielen Menschen an seinem Grab gerührt.

Wächst man so wie ich auf dem Lande auf, entwickelt man wohl einen anderen Anspruch an Pietät. »Man ist mit dem Leben und Sterben etwas vertrauter als diejenigen, die in der Stadt aufwachsen.« Ich erinnere mich noch lebhaft an eine Situation, von der ab ich das Leben grundsätzlich über den Tod stellte: Wie schon erwähnt ist es oder war es auf dem Land üblich, den Sarg mit dem Verstorbenen vom Haus bis zum Friedhof zu tragen. In dem nun folgenden Fall war der Weg sehr weit. Dreimal mußte der Sarg unterwegs abgestellt werden, jedesmal sangen wir dazu ein Lied. Bei der dritten Unterbrechung begann es in Strömen zu regnen. Die Sargträger stellten den Sarg kurzerhand auf die Straße, die Trauergemeinde und wir, der Chor, alle suchten schützenden Unterschlupf in der direkt neben dieser Stelle gelegenen Gaststätte. Bei »einem Schluck« warteten wir das Unwetter ab, währenddessen der Sarg alleingelassen mitten auf der Straße stand und der Regen nur so darauf klatschte. Wäre ein Autofahrer vorbeigekommen, er hätte sich in einen Gruselfilm versetzt gefühlt. Als glücklich der Regen aufhörte, fand die Beisetzung ihren gewohnten Lauf.

Was ich noch erreichen will

Eine Menge unternahm ich in meinem Leben, vieles versuchte ich, einiges davon auch mit Erfolg. Doch es gäbe ein weltbewegendes Projekt, das ich noch zu gerne realisieren möchte. Mein Wunsch wäre, mit meinen Chören mit einem einzigen Lied die ganze Welt zu umspannen, mit »Stille

Nacht, heilige Nacht«. Von vielen wichtigen Städten der Welt als Bildhintergrund sollten nur ein paar Takte des Liedes ertönen und am Heiligen Abend um 24 Uhr über sämtliche Fernsehsender der Welt ausgestrahlt werden, um den Menschen mit diesem Lied zu sagen, daß Frieden keine Grenzen kennt, weder Mauern noch sonstige Hindernisse. Ein paar Takte jeweils nur; vor dem Weißen Haus, dem Kreml, aus dem Vatikan, aus Stockholm, Johannesburg, Berlin und Havanna, Jerusalem und Tokio, Rio de Janeiro und Istanbul, vor der chinesischen Mauer und aus Melbourne.
Noch viel schwieriger zu verwirklichen als das eben geschilderte Projekt, wird mein innigster Wunsch sein, einmal in meinem Leben auf der Mauer zu stehen, die Deutsche von Deutschen trennt, und zu dirigieren, hüben wie drüben, und gleichzeitig die selben Lieder von Deutschen und Deutschen singen zu lassen.

Mein persönlichstes Anliegen

Vieles Schöne auf dieser Welt ist leider vom Aussterben bedroht. Endlich, hoffentlich nicht zu spät, besinnt man sich darauf, die Natur stärker zu achten, den deutschen Wald zu retten, gegen Luftverschmutzung vorzugehen, historische Bauwerke nicht mehr abzureißen, Städte nicht mehr zuzubetonieren. Die Rettung dieser Bereiche scheint mir äußerst wichtig, sie bedeuten unseren Lebensraum. Aber es ist entscheidend, was man allzu leicht vergißt, auch die menschlichen Gefühle zu »retten«. Und genau so wichtig ist es, die Volkslieder zu retten, als einen Bestandteil unseres Brauchtums, unserer Heimat, der immerfort gepflegt und unterstützt werden muß.
Es ist keineswegs neu, unsere Heimat, die Natur und Wälder zu besingen. So schrieb z. B. Felix Mendelssohn-Bartholdy in

seinem Lied »Des Jägers Abschied«: »Wer hat dich du schöner Wald aufgebaut so hoch da oben, wohl den Meister will ich loben. Solang' noch meine Stimm' erschallt, lebe wohl du schöner Wald.«
Ironischerweise könnte man heute einflechten, »der alte Mendelssohn ahnte schon damals, daß der Wald auf dem besten Weg in den Tod ist«. Noch können wir den Wald zu neuem Leben erwecken, wir müssen uns darum bemühen. Noch können wir aber auch das die Natur besingende deutsche Volkslied retten. Darum aber müssen wir uns bemühen.

Wir leben in einer Zeit, die vom Tack-Tack-Tack der Roboter bestimmt wird. Nachrichtentechnisch schrumpfte die für unsere Vorstellungskraft »riesige Erdkugel« auf die Größe eines Tennisballs zusammen. In den nächsten paar Jahren wird sie sich vermutlich unter diesem Gesichtspunkt dank der Technik auf die Größe eines Stecknadelkopfs verringern. Wozu man früher unter Umständen 12 Jahre benötigte, z. B. eine Information zu Fuß von China bis nach Mitteleuropa zu bringen, dafür genügen heute Sekunden. Explodiert irgendwo eine unterirdisch gezündete Atombombe, weiß man in weniger als einer Minute durch Nachrichtenübermittlung von diesem Vorgang; Stunden, Tage später erst zeigen sich Reaktion, Zerstörungen und Nachwirkungen. Wir laufen Gefahr, daß sich Kriege nicht deshalb entwickeln, weil sie jemand unbedingt will, sondern weil schon der Gedanke daran als Information schneller im anderen Land zur Aggression führt, als er im eigenen noch mal überdacht sein könnte.

Wir hetzen, werden gehetzt, gelobt, gefordert, mißbraucht, benutzt, genutzt, . . . lassen uns in den Stakkato-Rhythmus der Zeit pressen. Manche sind damit einverstanden, haben sich längst daran gewöhnt – auch daran gewöhnt, daß tausende von Menschen im Straßenverkehr sterben, im Elend zugrunde gehen oder an Not leiden. Handeln wir nicht oft nach dem Spruch: »Lieber heil'ger Florian, verschon' mein Haus, zünd's nächste an.« Wer empfindet denn noch etwas,

fühlt sich beeindruckt, wenn uns durch die Fernsehnachrichten die Toten aus aller Welt, der Hunger, die Auseinandersetzungen, das Leid »frei Haus geliefert« werden?
Und doch, noch haben wir Sehnsüchte, individuelle oder auch die gleichen. Bestimmt wollen wir den Frieden, wenigstens in den eigenen vier Wänden. Wir sehnen uns nach Liebe, ja wir brauchen sie zum Existieren. Wir suchen die Anerkennung, versuchen glücklich und zufrieden zu sein, wollen einfach leben. Wie oft wünschen wir uns, aus dem oft schroffen Lebens-Marsch-Rhythmus für ein paar Minuten nur auf einen wiegenden Walzertakt umsteigen zu können.
Wir sind schon an dem Punkt angelangt, an dem wir uns für »ein bißchen Natur« hinter das Lenkrad klemmen, an Wochenenden Schlange in brutheißen Autos »stehen«, von Hamburg bis zur Ostsee, von München bis Salzburg, von Stuttgart zum Schwarzwald, von Berlin zum Harz, von Bremen bis zur Nordsee, vom Ruhrgebiet bis zum Sauerland? Warum? – Weil wir die Natur, gute Luft, Freiräume und Urlaub von unseren zubetonierten Städten so dringend wie nie zuvor benötigen. Keineswegs versuche ich mit diesen Worten allen bisher errungenen Fortschritt rückgängig zu machen, sondern appelliere vielmehr an die Vernunft jedes einzelnen, diesen gewonnenen Fortschritt gezielt und bewußt, vor allem nicht leichtfertig einzusetzen.
Der »Frühtau« von Joseph Freiherr von Eichendorff liegt immer noch auf den Bergen. Auch wenn die Jumbos über den »großen Teich« fliegen und mit ihren Nasen näher am Firmament sind; bei nachtschwarzem Himmel »weisen« immer noch »hohe Tannen die Sterne«.
Für einen der ersten Kontakte mit der Tonleiter sorgen in den Kinderstuben immer noch die »Entchen«. »Alle Vögel« läuten durch ihre Ankunft nach wie vor den Frühling ein, und in den Kindergärten sitzt immer noch »ein Kuckuck auf einem Baum«, die »Wälder« sind im Herbst immer noch »bunt«. »Der Mai kommt« ebenso wie »der Mond aufgeht«. Die »Herzen gehen« auch in unserer Zeit immer noch »aus«,

um Freude zu suchen. In den Kindergärten »klappert die Mühle noch«, »ein Männlein steht« dort noch »im Walde«, ebenso wie noch der »Bi-Ba-Butzemann« tanzt. Auch die »Füchse stehlen noch Gänse«, zumindest die, die als vermeintliche Tollwutüberträger noch nicht ausgerottet sind. Wie schön kann es sein, »wenn alle Brünnlein fließen«, und wie wichtig wäre es gerade in unserer Zeit sagen zu können: »Ich hatt' einen Kameraden«.
Deshalb rufe ich hier öffentlich zu der Aktion auf:

Deutschland deine Lieder

Rettet das deutsche Volkslied

Begonnen hatte diese Aktion mit einem Empfang des Kanzlers der Bundesrepublik Deutschland, Dr. Helmut Kohl, auf dem ich ihm das von mir geschriebene Lied »Heimatland – Vaterland« überreichen konnte:

Wann, ins ferne Land hi-naus bleibt die
Sehnsucht im-mer-fort, nach dem ge-lieb-ten
Va-ter Ort. Mein
Nicht mehr Klagen, nicht ver-za-gen, aufwärts schauen
Gott ver-trauen. Hö-re auf mit we-he-
klagen, denn du wirst dir selbst nur schaden. So wie

Herrn Bundeskanzler Helmut Kohl in Verehrung zugeeignet.
22. Juni 1983

Mit einer Abordnung von 100 Sängerinnen und Sängern konnte ich Bundeskanzler Dr. Helmut Kohl am 22. Juni 1983 das ihm gewidmete Lied »Heimatland – Vaterland« überreichen. Die freie Rede des Bundeskanzlers bestärkte mich erneut in meinem Empfinden, das deutsche Liedkulturgut zu erhalten und zu pflegen. Dr. Kohl ermunterte mich weiterhin durch sein Verhalten, an diese von uns geplante Aktion zu glauben, ja sie geradezu für außerordentlich notwendig zu halten.

Nach der Übergabe des Geschenks, der Partitur des zuvor gesungenen »Kanzlerliedes«, erklärte der Bundeskanzler anschließend:

> »Ich darf mich zunächst sehr herzlich bedanken für dieses Geschenk, wobei das Klingen der Stimmen das noch bedeutendere Geschenk ist, weil das ja nur möglich ist, weil Sie hierhergekommen sind und mit dieser freundschaftlichen Geste der Verbundenheit mir eine ganz besondere Freude gemacht haben.
> Wissen Sie, ich empfinde das so irgendwie als ein Stück Demonstration. Wir sind ja auf einen törichten Weg in unserem Lande gekommen, weil wir noch gegen etwas demonstrieren. Es steht ja nirgendwo geschrieben, daß man immer gegen etwas demonstriert, man kann ja auch für etwas demonstrieren! (. . .)
> Sie sind hierher gekommen, um uns ein Lied zu singen, und Sie haben mich sehr freundlich am Beginn angesprochen. In der Tat, es ist sehr wichtig in einem solchen Amt, und ich klage damit nicht, denn niemand hat mich gezwungen, das Amt zu übernehmen. Ich habe das aus freien Stücken getan und wollte es, ich will auch heute noch. Aber es ist sehr wichtig, wenn man spürt, daß die Mitbürger und die Mitmenschen das mittragen, manchmal auch mitertragen. (. . .)
> Natürlich sind wir gestreßt, ich vielleicht auch, ich hätte ja auch gewissen Grund dazu. Nur wenn wir alle nur

herumlaufen und sagen, es geht uns schlecht und alle nur jammern und alle nur sagen, ich weiß nicht mehr aus und ein, wobei wir doch eigentlich bei allen Sorgen noch sehr zufrieden im Vergleich zu anderen sein können. Dann, finde ich, kommen wir nicht weiter. Ich sage nicht, daß ich die Probleme verniedliche und leugne, das ist alles da, Arbeitslosigkeit, Sorgen junger Leute, Sorge um den Frieden, Sorge um die Freiheit. Aber das alles werden wir nicht erhalten, wenn wir nur rumlaufen und klagen. Wir werden es nur erhalten, wenn wir zusammenrücken und, was vernünftig ist gemeinsam tun. Ich gehöre zu denen, die glauben, was wirklich vernünftig ist, kann man nur mit einem fröhlichen Herzen tun. (. . .) Und zur Fröhlichkeit des Herzens gehört auch Musik, der Gesang. Ich bin gänzlich unbegabt, das muß ich gleich hinzufügen. Unsere Kinder, meine Frau, sind wesentlich musikalischer. Mein Jüngster pflegt immer zu sagen, wenn du nicht so lang wärst und würdest nur singen, würde man *auch* in der Kirche erkennen, wo du dich aufhältst. Und es ist eine leider ziemlich zutreffende Bemerkung über meine Gesangskunst. Um so mehr natürlich genieße ich das, wenn es andere sehr viel besser können; und da Sie damals sagten, Sie würden hier vorbeikommen, habe ich von vornherein eine große Freude empfunden, weil ich ein alter Anhänger Ihrer Musik bin, sie höre, Platten besitze.« (. . .)

Der Bundeskanzler hatte sich Zeit für meine Musik genommen, obwohl er am gleichen Tage, direkt im Anschluß an diesen Empfang, eine Regierungserklärung abgeben mußte. Dafür bedanke ich mich besonders. Damit machte er mir Mut für diese großartige Aktion: Deutschland deine Lieder, eine Demonstration für das deutsche Lied und Volkslied.

Der Wettbewerb

Bei dieser eben aufgerufenen Aktion handelt es sich um eine veränderte, modernisierte Wiedereinführung des klassischen Sängerwettstreits. Um Urkunden und Pokale als Anreiz sollen auf lokaler, Landes- und Bundesebene Solisten, Duos, Ensembles, Chöre singen. Jeder, so die Idee des Wettstreits, kann, darf und soll mitmachen, beispielsweise der Liedermacher, ebenso der Fußballclub oder die Kegelschwestern. Selbst wenn zu erwarten ist, daß organisierte Laienmusiker den »völligen Amateuren« beispielsweise eines Handballclubs musikalisch überlegen sein sollten, könnten diejenigen, die nur aus Spaß an der Freude mitsingen, trotzdem einen Sieg erringen. Aus diesem Grunde wurde für die Bewertung die Sparte »Originalität« eingerichtet.

Die Wettbewerbe werden über Medien ausgeschrieben, die Schulen aufgefordert, sich mit den Jugendlichen an diesen Wettbewerben zu beteiligen.

Die Bundessieger gestalten den Gala-Abend zur »Verleihung der Deutschen Liederharfe« zusammen mit den zwölf Preisträgern aus dem »Profilager«.

Während die besten Amateure von einer Jury aus Fachleuten ermittelt werden, müssen sich die Professionellen ihrer Popularität stellen, indem sie von Lesern eines großen Publikationsorgans auf die Plätze gewählt werden. Auch bei ihnen gibt es als Preise die »Deutsche Liederharfe« in Gold, Silber und Bronze in den fünf Sparten: Solist, Duo, Ensemble, Chor, Originalität.

Für den Wettstreit der Amateure sind zwei Disziplinen vorgesehen wie beim Eiskunstlauf, eine »Pflicht« und eine »Kür«. Das Pflichtlied ist zu wählen aus dem hier folgenden Angebot »Deutschland deine Lieder«, wobei das Arrangement verändert werden darf. In der Kür kann jeder nach seinen Vorstellungen Lieder, auch eigene Kompositionen und Texte vortragen und interpretieren.

Deutschland deine Lieder

Deutschlandlied

Einigkeit und Recht und Freiheit

Joseph Haydn, 1797

Hoffmann von Fallersleben, 1841

Baden-Württemberg

1. Auf de schwäb'sche Eisebahne
gibt's gar viele Haltstatione:
Stuegert, Ulm ond Biberach,
Meckebeure, Durlesbach.
Trulla, trulla, trullala,
trulla, trulla, trullala,
Stuegert, Ulm ond Biberach,
Meckebeure, Durlesbach.

2. Auf de schwäb'sche Eisebahne
gibt's au viele Restratione,
wo mer essa, trenka ka,
älles was der Mage ma.
Trulla . . .

3. Auf de schwäb'sche Eisebahne
dürfet Küh ond Öchsle fahre,
Buebe, Mädle, Weib ond Ma,
kurzum älls, was zahle ka.
Trulla . . .

4. Wenn e Glöckle tut erklinge,
tän glei älle z'sammaspringe,
älles, was e Karte hot,
möcht jetzt mit dem Bahnzug fort.
Trulla . . .

5. Männer, die im G'sicht ganz bärtig
schreiet laut: »Jetzt ist es fertig!«
Springet in die Wage nei,
machet Löchle in d'Karte nei.
Trulla . . .

6. Auf de schwäb'sche Eisebahne
wollt emol e Bäuerle fahre,
geht an d' Kass' und lupft de Hut:
»E Billettle, send so gut!«
Trulla . . .

7. Einen Bock hat er gekaufet,
und daß er ihm net verlaufet,
bindet ihn der gute Ma
hinte an de Wage na.
Trulla . . .

1. Wir wandern heut in's Schwabenland,
in's Schwabenland hinaus,
mit frohem Mut und heit'rem Sinn,
sind überall zu Haus:

2. Wir singen heut ein freies Lied,
ein Lied das laut erschallt,
das klingen soll in Lust und Freud
durch Berg und Feld und Wald:

3. Wir heben heut die Becher hoch,
gefüllet bis zum Rand,
und stoßen an und trinken aus
auf unser Schwabenland:

1. Am Necker, am Necker, do isch e Jedes gern;
wer'd Heimat hot am Necker, der sehnt se net en d'Fern, juhe!
La la la la la la la la la, der sehnt se net en d'Fern!

2. Am Necker, am Necker, do grünt und blüht es fei;
juhe am liebe Necker, do wachst e guter Wei, juhe!
La la la la la la la la la, do wachst e guter Wei.

3. Am Necker, am Necker, der Vogel fliegt und singt;
er badet sich im Necker, sei Liedle net verklingt, juhe!
La la la la la la la la la, sei Liedle net verklingt.

4. Am Necker, am Necker, bleib i mei ganze Zeit,
und wo n'er rauscht, der Necker, sei au mei Grab net weit, juhe!
La la la la la la la la la, sei au mei Grab net weit.

1. Auf 'm Wase graset d'Hase
ond em Wasser gambet d'Fisch;
|: lieber will i gar koi Schätzle,
als no so en Fedrewisch. :|

2. Muetter, muscht mer – schlah me's Blechle –
Türleshose mache lau,
|: daß i au so Türleshose
wia der Herr Proviser hau. :|

3. Gang mer weg mit Sammetschühle,
gang mer weg mit Bändele!
|: Bauramädle send mer lieber
als so Kaffeebembele. :|

4. Wo-n-i hau no kratzt und bisse,
hot mi wölle keine küsse;
|: seit i nemme kratz und beiß,
kriag i Küßle dutzadweis. :|

5. Kleine Kügele muß mer gieße,
wenn mer Vögele schieße will;
|: schöne Mädle muß mer liebe,
wenn mer schöne Weiber will. :|

6. Wo-n-i han mei Schätzle gnomme,
hot mei Mutter grausig tau!
|: Hot mi bei de Aura gnomme,
d' Stiega abe fliege lau! :|

7. Sag du no zu meiner Schwieger,
sui soll mi passiere lau,
|: i werd schau mein Schatz versorge,
sell werd sui en Dreck a'gau! :|

8. Hinter meiner Schwiegermuetter
ihrem grauße Himmelbett
|: stoht a ganzer Sack voll Sechser,
wenn i no die Sechser hätt! :|

1. Ei Mädchen vom Lande, wie bist du so schön!
So hab ich im Städtchen noch keine gesehn.
Drum gehn wir aufs Lande, um lustig zu sein,
denn viel schöner sind die Mädchen und besser der Wein.
Tralaleralalia, laleralalia, laleralaliaho. Traho.

2. Der Wein auf dem Lande hat Geist und hat Kraft,
dagegen im Städtchen wird Wasser drein gschafft.
Drum so gehn wir aufs Lande . . .

3. Verliebt sich ein Mädchen, der Teufel ist los,
da hilft ja kein Riegel, kein Tür und kein Schloß.
Drum so gehn wir aufs Lande . . .

4. Verschließt man die Türe, verschließt man das Haus,
so schleicht sich die Liebe zum Schlüsselloch naus.
Drum so gehn wir aufs Lande . . .

1. Rosestock, Holder blüt,
wenn i mei Dirnderl sieh,
lacht mir vor lauter Freud'
s'Herzel im Leib.
Lalala lalala lalala lalalalala lalala lalala lalalala.

2. Gsichterl wia Milch ond Bluat,
's Dirnderl ist gar so guat.
Om ond om dockerlnett,
wenn i's no hätt! Lalala . . .

3. Armerl so kugelrund,
Lippa so frisch ond gsund,
Füßerl so hurtig gschwind,
tanzt wie der Wind. Lalala . . .

4. Wenn i ins dunkelblau,
funkelhell Augerl schau,
mein i, i schau in mei
Himmelreich nei. Lalala . . .

1. Muß i denn, muß i denn zum Städtele 'naus,
Städtele 'naus und du, mei Schatz, bleibst hier,
wenn i komm, wenn i komm, wenn i wiederum komm,
wiederum komm, kehr i ei, mei Schatz, bei dir.
Kann i au net allweil bei dir sei,
han i doch mei Freud' an dir;
wenn i komm, wenn i komm, wenn i wiederum komm,
wiederum komm, kehr i ei, mei Schatz, bei dir.

2. Wie du weinst, wie du weinst, daß i wandera muß,
wandera muß, wie wenn d'Lieb jetzt war vorbei!
Sind au drauß, sind au drauß der Mädela viel,
Mädela viel, lieber Schatz, i bleib dir treu.
Denk du net, wenn i a andre sieh, no sei mei Lieb vorbei,
sind au drauß, sind au drauß der Mädele viel,
Mädele viel, lieber Schatz, i bleib dir treu.

3. Übers Jahr, übers Jahr, wenn mr Träubela schneidt,
Träubela schneidt, stell i hier mi wiedrum ei,
bin i dann, bin i dann dei Schätzele no,
Schätzele no, so soll die Hochzeit sei.
Übers Jahr, do ist mei Zeit vorbei, do g'hör i mein und dein,
bin i dann, bin i dann dein Schätzele noch,
Schätzele noch, so soll die Hochzeit sein.

Bayern

1. Gott mit dir, du Land der Bayern, Heimaterde, Vaterland!
Über deinen weiten Gauen walte seine Segenshand!
Er behüte deine Fluren, schirme deiner Städte Bau
und erhalte dir die Farben deines Himmels, weiß und blau!

2. Gott mit uns, dem Bayernvolke, wenn wir unsrer Vätern wert,
stets in Eintracht und in Frieden bauen unsres Glückes Herd;
daß vom Alpenland zum Maine jeder Stamm sich fest vertrau'
und die Herzen freudig eine unser Banner, weiß und blau!

3. Gott mit uns und Gott mit allen, die der Menschen heilig Recht
treu beschützen und bewahren von Geschlechte zu Geschlecht.
Frohe Arbeit, frohes Feiern, reiche Ernten jedem Gau:
Gott mit dir, du Land der Bayern, unterm Himmel weiß und blau!

1. Was noch frisch und jung an Jahren,
das geht jetzt auf Wanderschaft,
um was Neues zu erfahren,
keck zu proben seine Kraft.
Bleib nicht sitzen in dem Nest:
Reisen ist das Allerbest!

2. Reisen macht gesund Geblüte,
unverzagt und frohen Mut;
Frühling gibt mit Duft und Blüte
in die Adern neue Glut.
Bleib nicht . . .

3. Also gehn wir auf die Reise
in viel Städt und fremde Land,
machen uns mit ihrer Weise,
ihren Künsten wohlbekannt.
Bleib nicht . . .

1. Wohlauf, die Luft geht frisch und rein,
wer lange sitzt, muß rosten!
Den allersonnigsten Sonnenschein
läßt uns der Himmel kosten.
Drum reicht mir Stab und Ordenskleid
der fahrenden Scholaren,
ich will zur schönen Sommerszeit
ins Land der Franken fahren.
Valleri, vallera, valleri, vallera,
ins Land der Franken fahren.

2. Der Wald steht grün, die Jagd geht gut,
schwer ist das Korn geraten,
sie können auf des Maines Flut
die Schiffe kaum verladen.
Bald hebt sich auch das Herbsten an,
die Kelter harrt des Weines:
der Winzer Schutzherr Kilian
beschert uns etwas Feines.
Valleri . . .

3. Wallfahrer ziehen durch das Tal
mit fliegenden Standarten,
hell grüßt ihr doppelter Choral
den weiten Gottesgarten.
Wie gerne wär ich mitgewallt,
ihr Pfarr' wollt mich nicht haben!
So muß ich seitwärts durch den Wald
als räudig Schäflein traben.
Valleri . . .

4. Zum heilgen Veit von Staffelstein
bin ich emporgestiegen
und seh die Lande um den Main
zu meinen Füßen liegen:
Von Bamberg bis zum Grabfeldgau
umrahmen Berg und Hügel
die weite, stromdurchglänzte Au:
ich wollt, mir wüchsen Flügel!
Valleri . . .

5. Einsiedelmann ist nicht zu Haus,
dieweil es Zeit zum Mähen;
ich seh ihn an der Halde drauß
bei einer Schnittrin stehen.
Verfahrner Schüler Stoßgebet
heißt: Herr, gib uns zu trinken!
Doch wer bei schöner Schnittrin steht,
dem mag man lange winken.
Valleri . . .

6. Einsiedel, das war mißgetan,
daß du dich hubst von hinnen!
Es liegt, ich seh's dem Keller an,
ein guter Jahrgang drinnen!
Hoiho! Die Pforten brech ich ein
und trinke, was ich finde.
Du heilger Veit von Staffelstein,
verzeih mir Durst und Sünde!
Valleri . . .

1. Als wir jüngst in Regensburg waren,
sind wir über den Strudel gefahren,
da war'n viele Holden, die mitfahren wollten.
Schwäbische, bayrische Dirndl, juchheirassa,
muß der Schiffsmann fahren.

2. Und vom hohen Bergesschlosse
kam auf stolzem, schwarzem Rosse
adlig Fräulein Kunigung,
wollt mitfahren über Strudels Grund.
Schwäbische . . .

3. »Schiffsmann, lieber Schiffsmann mein,
sollts denn so gefährlich sein?
Schiffsmann, sag's mir ehrlich,
ist's denn so gefährlich?«
Schwäbische . . .

4. »Wem der Myrtenkranz geblieben,
landet froh und sicher drüben;
wer ihn hat verloren,
ist dem Tod erkoren.«
Schwäbische . . .

5. Als sie auf die Mitt gekommen,
kam ein großer Nix geschwommen,
nahm das Fräulein Kunigund,
fuhr mit ihr in des Strudels Grund.
Schwäbische . . .

6. Und ein Mädel von zwölf Jahren
ist mit über den Strudel gefahren;
weil sie noch nicht lieben kunnt,
fuhr sie sicher über Strudels Grund.
Schwäbische . . .

1. Ein Vogel wollte Hochzeit machen
in dem grünen Walde. Fidirallala, fidirallala,
fidirallalalala.

2. Der Gimpel war der Bräutigam,
die Amsel war die Braute . . .

3. Die Lerche, die Lerche,
die führt' die Braut zur Kerche . . .

4. Der Auerhahn, der Auerhahn,
derselbig war der Herr Kaplan . . .

5. Die Meise, die Meise,
die sang das Kyrieleise . . .

6. Die Gänse und die Anten,
das war'n die Musikanten . . .

7. Der Pfau mit seinem langen Schwanz,
der führt' die Braut zum Hochzeitstanz . . .

8. Der Seidenschwanz, der Seidenschwanz,
der sang das Lied vom Jungfernkranz . . .

9. Die Puten, die Puten,
die machten breite Schnuten . . .

10. Brautmutter war die Eule,
nahm Abschied mit Geheule . . .

11. Das Finkelein, das Finkelein,
das führt' die Braut ins Kämmerlein ...

12. Der Uhuhu, der Uhuhu,
der macht' die Fensterläden zu ...

13. Der Hahn, der krähet: »Gute Nacht!«,
da wird die Lampe ausgemacht ...

1. Laßt doch der Jugend, der Jugend, der Jugend ihren Lauf!
Laßt doch der Jugend, der Jugend ihren Lauf!
Hübsche Mädel wachsen immer wieder auf,
laßt doch der Jugend ihren Lauf!
Tanz mit der Dorl, walz mit der Dorl,
bis nach Schweinau mit der Dorl,
tanz mit der Dorl, walz mit der Dorl
bis nach Schweinau.

2. Warum solln wir uns des Lebens,
des Lebens nicht erfreun,
warum solln wir uns des Lebens
nicht erfreun?
Bei Tanz und Flötenspiel
hat man der Freuden viel.
Tanz mit der Dorl . . .

3. Nur noch ein' Walzer, ein' Walzer
zu guter, guter Letzt,
nur noch ein' Walzer, ein' Walzer
zuletzt!
Seht nur, wie hübsch und nett
mein Schatz die Füßchen dreht!
Tanz mit der Dorl . . .

1. All mein Gedanken die ich hab, die sind bei dir,
du auserwählter, einger Trost, bleib stet bei mir!
Du, du, du sollt an mich gedenken,
hätt ich aller Wünsch Gewalt,
von dir wollt ich nicht wanken.

2. Du auserwählter, einger Trost, gedenk daran:
mein Leib und Gut, das solt du ganz zu eigen han.
Dein, dein, dein will ich allzeit bleiben,
du gibst Freud und hohen Mut
und kannst mir Leid vertreiben.

Berlin

1. Es waren zwei Königskinder,
die hatten einander so lieb,
sie konnten zusammen nicht kommen,
|: das Wasser war viel zu tief. :|

2. »Ach Liebster, könntest du schwimmen,
so schwimm doch herüber zu mir!
Drei Kerzen will ich anzünden,
|: die sollen leuchten zu dir.« :|

3. Das hört eine falsche Nonne,
die tat, als wenn sie schlief;
sie tat die Kerzlein auslöschen,
|: der Jüngling ertrank so tief. :|

4. »Ach Fischer, liebster Fischer,
willst du verdienen groß Lohn?
So wirf dein Netz ins Wasser
|: und fisch mit den Königssohn!« :|

5. Er warf das Netz ins Wasser,
es ging bis auf den Grund;
er fischte und fischte so lange,
|: bis er den Königssohn fand. :|

6. Sie schloß ihn in ihre Arme
und küßt' seinen bleichen Mund:
»Ach Mündlein, könntest du sprechen,
|: so wär mein jung Herze gesund.« :|

7. Sie schwang um sich ihren Mantel
und sprang wohl in die See:
»Ade, mein Vater und Mutter,
|: ihr seht mich nimmermeh!« :|

8. Da hörte man Glocken läuten,
da hörte man Jammer und Not:
da lagen zwei Königskinder,
|: die waren beide tot. :|

1. Bolle reiste jüngst zu Pfingsten,
nach Pankow war sein Ziel,
da verlor er seinen Jüngsten
ganz plötzlich im Gewühl;
'ne volle halbe Stunde
hat er nach ihm gespürt,
|: aber dennoch hat sich Bolle
ganz köstlich amüsiert. :|

2. Zu Pankow gab's kein Essen,
zu Pankow gab's kein Bier,
war alles aufgefressen
von fremden Leuten hier.
Nicht mal 'ne Butterstulle
hat man ihm reserviert,
|: aber dennoch hat sich Bolle
ganz köstlich amüsiert. :|

3. Auf der Schönholzer Heide
da gab's ne Keilerei.
Und Bolle, gar nicht feige,
war mittenmang dabei,
hat's Messer rausgerissen
und fünfe massakriert,
|: aber dennoch hat sich Bolle
ganz köstlich amüsiert. :|

4. Es fing schon an zu tagen,
als er sein Heim erblickt,
das Hemd war ohne Kragen,
das Nasenbein zerknickt,
das linke Auge fehlte,
das rechte marmoriert,
|: aber dennoch hat sich Bolle
ganz köstlich amüsiert :|

1. Gold und Silber lieb ich sehr,
kann's auch wohl gebrauchen,
hätt ich doch ein ganzes Meer,
mich darein zu tauchen!
Braucht ja nicht geprägt zu sein,
hab's auch so ganz gerne,
|: sei's des Mondes Silberschein,
sei's das Gold der Sterne. :|

2. Doch viel schöner ist das Gold,
das vom Lockenköpfchen
meines Liebchens niederrollt
ind zwei blonden Zöpfchen.
Darum komm, mein liebes Kind,
laß uns herzen, küssen,
|: eh die Locken silbern sind,
und wir scheiden müssen. :|

3. Seht, wie blinkt der goldne Wein
hier in meinem Becher;
horcht, wie klingt so silberrein
froher Sang der Zecher!
Daß die Zeit einst golden war,
wer wollt das bestreiten,
|: denkt man doch im Silberhaar
gern vergangner Zeiten. :|

Herzliebchen mein unterm Rebendach

1. Herzliebchen mein unterm Rebendach,
o hör' mein kleines Lied!
Des Trauten Stimme ruft dich wach,
von Sehnsuchtsschmerz durchglüht.
O neig das Köpfchen, ich harre dein!
ich bitte, Schätzchen , o sag nicht nein!
|: Herzliebchen mein unterm Rebendach,
o hör' mein kleines Lied! :|

2. Herzliebchen mein unterm Rebendach,
o komm herab zu mir!
Du denkst wohl nicht an den heut'gen Tag,
doch ich, ich gratulier!
Was sagst du zu meiner Liebe, wie?
Hier steh ich um sechs Uhr früh.
|: Herzliebchen mein unterm Rebendach,
o komm herab zu mir. :|

3. Herzliebchen mein unterm Rebendach,
mein Liedchen ist jetzt aus,
und bist mein Schätzchen, du noch nicht wach,
so gehn wir still nach Haus.
Das Ständchen hätte dich sehr erfreut,
hast du's verschlafen, so tut mir's leid.
|: Herzliebchen mein unterm Rebendach,
mein Liedchen ist jetzt aus. :|

Das ist die Berliner Luft, Luft, Luft,
so mit ihrem holden Duft, Duft, Duft,
wo nur selten was verpufft, pufft, pufft,
in dem Duft, Duft, Duft, dieser Luft, Luft, Luft, ja, ja, ja.
Das ist die Berliner Luft, Luft, Luft,
so mit ihrem holden Duft, Duft, Duft,
wo nur selten was verpufft, pufft, pufft,
das macht die Berliner Luft.

Berlin, hör ich den Namen bloß, da muß vergnügt ich lachen,
wie kann man da für wenig Moos den dicken Wilhelm machen.
Warum läßt man auf Märkschem Sand gern alle Puppen tanzen,
warum ist dort das Heimatland der echt Berliner Pflanzen.
Ja Ja, Ja Ja, Ja Ja Ja Ja.

Das ist die Berliner Luft, Luft, Luft,
so mit ihrem holden Duft, Duft, Duft,
wo nur selten was verpufft, pufft, pufft,
in dem Duft, Duft, Duft, dieser Luft, Luft, Luft, ja, ja, ja.
Das ist die Berliner Luft, Luft, Luft,
so mit ihrem holden Duft, Duft, Duft,
wo nur selten was verpufft, pufft, pufft,
das macht die Berliner Luft.

1. Müde kehrt ein Wandersmann zurück
nach der Heimat seiner Liebe Glück.
|: Doch bevor er tritt in Liebchens Haus,
kauft er für sie den schönsten Blumenstrauß. :|

2. Und die Gärtnerin so hold und bleich,
zeiget ihm ihr ganzes Blumenreich.
|: Doch bei jeder Rose die sie bricht,
rollt eine Träne ihr vom Angesicht. :|

3. Warum weinst du, holde Gärtnersfrau?
Weinst du um die Veilchen dunkelblau?
|: Oder um die Rose, die du brichst?
Ach nein, ach nein, um diese wein' ich nicht. :|

4. Um den Liebsten wein' ich nur allein,
der gezogen ist wohl übern Rhein.
|: Dem ich ew'ge Treu geschworen hab'
die ich als Gärtnersfrau gebrochen hab'. :|

5. Liebe hast du nicht für ihn gehegt,
darum hast die Blumen du gepflegt.
|: Ach, so gib mir, holde Gärtnersfrau,
einen Strauß von Veilchen dunkelblau. :|

6. Und mit dem Blumenstrauß wohl in der Hand,
will ich wandern durch das ganze Land,
|: bis der Tod mein müdes Auge bricht.
Leb wohl, Geliebte und vergeß mich nicht! :|

1. Der Mond ist aufgegangen,
die goldnen Sternlein prangen
am Himmel hell und klar,
der Wald steht schwarz und schweiget,
und aus den Wiesen steiget
der weiße Nebel wunderbar.

2. Wie ist die Welt so stille
und in der Dämmrung Hülle
so traulich und so hold!
Als eine stille Kammer,
wo ihr des Tages Jammer
verschlafen und vergessen sollt.

3. Seht ihr den Mond dort stehen?
Er ist nur halb zu sehen
und ist doch rund und schön!
So sind wohl manche Sachen,
die wir getrost belachen,
weil unsre Augen sie nicht sehn.

4. So legt euch denn, ihr Brüder,
in Gottes Namen nieder!
Kalt ist der Abendhauch.
Verschon uns, Gott, mit Strafen
und laß uns ruhig schlafen
und unsern kranken Nachbar auch.

Bremen

1. Du braver Ratskellermeister von Bremen
siehst du auf den Dächern der Häuser sitzen,
die Engel und sind betrunken und singen.
Die glühende Sonne dort oben
ist nur eine betrunkene Nase,
die Nase des Weltgeist's.

1. |: Wo mag denn nur mein Christian sein,
in Hamburg oder Bremen? :|
|: Schau ich nur seine Stube an,
so denk ich an mein' Christian.:|

2. |: In seiner Stub', da hängt ein Holz,
damit hat er gedroschen. :|
|: Schau ich nur diesen Flegel an,
so denk ich an mein' Christian. :|

3. |: Auf unserm Hof, da steht ein Klotz,
darauf hat er gesessen. :|
|: Schau ich nur diesen Holzklotz an,
so denk ich an mein' Christian. :|

4. |: Der Esel, der den Milchkarrn zog,
den hat er selbst geführet. :|
|: Hör ich nur diesen Esel schrei'n,
so fällt mir gleich mein' Christian ein. :|

5. |: In unserm Stall, da steht 'ne Kuh,
die hat er oft gemolken. :|
|: Schau ich nur dieses Rindvieh an,
so denk ich an mein' Christian. :|

1. |: Das Wandern ist des Müllers Lust, :|
das Wandern.
Das muß ein schlechter Müller sein,
|: dem niemals fiel das Wandern ein :|
das Wandern, Wandern,
|: das Wandern, das Wandern, :| das Wandern.

2. |: Vom Wasser haben wir's gelernt, :|
vom Wasser!
Das hat nicht Ruh bei Tag und Nacht,
|: ist stets auf Wanderschaft bedacht, :|
das Wasser, Wasser,
|: das Wasser, das Wasser, :| das Wasser.

3. |: Das sehn wir auch den Rädern ab, :|
den Rädern,
die gar nicht gerne stille stehn,
|: die sich bei Tag nicht müde drehn, :|
die Räder, Räder,
|: die Räder, die Räder, :| die Räder.

4. |: Die Steine selbst, so schwer sie sind, :|
die Steine,
sie tanzen mit den muntern Reihn
|: und wollen gar noch schneller sein, :|
die Steine, Steine,
|: die Steine, die Steine, :| die Steine.

5. I: O Wandern, Wandern, meine Lust, :I
o Wandern!
Herr Meister und Frau Meisterin,
I: laßt mich in Frieden weiterziehn :I
und wandern, wandern,
I: und wandern, und wandern, :I und wandern!

1. Wem Gott will rechte Gunst erweisen,
den schickt er in die weite Welt,
dem will er seine Wunder weisen
in Berg und Wald und Strom und Feld.

2. Die Bächlein von den Bergen springen,
die Lerchen schwirren hoch vor Lust:
was sollt ich nicht mit ihnen singen
aus voller Kehl und frischer Brust?

3. Den lieben Gott laß ich nur walten;
der Bächlein, Lerchen, Wald und Feld
und Erd und Himmel will erhalten,
hat auch mein Sach aufs best bestellt.

1. Alle Vögel sind schon da,
alle Vögel, alle!
Welch ein Singen, Musiziern,
Pfeifen, Zwitschern, Tiriliern!
Frühling will nun einmarschiern,
kommt mit Sang und Schalle.

2. Wie sie alle lustig sind,
flink und froh sich regen!
Amsel, Drossel, Fink und Star
und die ganze Vogelschar
wünschen dir ein frohes Jahr,
lauter Heil und Segen.

3. Was sie uns verkünden nun,
nehmen wir zu Herzen:
alle wolln wir lustig sein,
lustig wie die Vögelein
hier und dort, feldaus, feldein,
singen, springen, scherzen.

1. Es hatt' ein Bauer ein schönes Weib,
die blieb so gerne zu Haus,
sie bat oft ihren lieben Mann,
er sollt' doch fahren hinaus!
Er sollte doch fahren ins Heu,
er sollte doch fahren ins ha ha ha ha ha ha Heu,
juchhei, ins Heu, juchhei, er sollte doch fahren ins Heu!

2. Es dacht der Bauer, was fällt ihr ein,
sie hat mir was auf dem Rohr!
Wart, wart, ich schirre die Rappen zum Schein
und stell mich hinter das Tor.
Will sagen, ich fahre ins Heu . . .

3. Da kommt geschlichen ein Reitersknecht
zum jungen Weiberl herein,
und sie umfängt gar freundlich ihn,
gab stracks ihren Willen darein.
»Mein Mann ist gefahren ins Heu . . .«

4. Er faßte sie um ihr Gürtelband
und schwang sie wohl hin und her.
Der Mann, der hinter dem Haustor stand,
ganz zornig trat er herfür:
»Ich bin nicht gefahren ins Heu . . .«

5. »Ach trauter, herzallerliebster Mann,
vergib mit diesen Fehl!
Ich will ja herzen und lieben dich,
will kochen dir Mus und Mehl.
Ich dachte, du wärest ins Heu . . .«

6. »Und wenn ich gleich gefahren wär
ins Heu und Haberstroh,
so sollst du nun und nimmermehr
einen andern lieben also,
da fahre der Teufel ins Heu . . .«

7. Und der euch dieses Liedlein sang,
der wird es singen noch oft,
er ist der junge Reitersknecht,
er lieget im Heu und im Hof.
Er fährt auch manchmal ins Heu . . .

1. Guten Abend, gut Nacht,
mit Rosen bedacht,
mit Näglein besteckt,
schlupf unter die Deck:
|: Morgen früh, wenn Gott will,
wirst du wieder geweckt. :|

2. Guten Abend, gut Nacht,
von Englein bewacht,
die zeigen im Traum
dir Christkindleins Baum.
|: Schlaf nun selig und süß,
schau im Traum s' Paradies! :|

DDR

1. An der Saale hellem Strande
stehen Burgen stolz und kühn,
ihre Dächer sind verfallen,
und der Wind streicht durch die Hallen,
Wolken ziehen drüber hin.

2. Zwar die Ritter sind verschwunden,
nimmer klingen Speer und Schild,
doch dem Wandersmann erscheinen
auf den altbemoosten Steinen
oft Gestalten zart und mild.

3. Droben winken holde Augen,
freundlich lacht manch' roter Mund.
Wandrer schaut wohl in die Ferne,
schaut in holder Augen Sterne,
Herz ist heiter und gesund.

4. Und der Wandrer zieht von dannen,
denn die Trennungsstunde ruft;
Und er singet Abschiedslieder,
Lebewohl tönt ihm hernieder,
Tücher wehen in der Luft.

1. Wenn ich ein Vöglein wär
und auch zwei Flüglein hätt,
flög ich zu dir.
|: Weil's aber nicht kann sein, :|
bleib ich allhier.

2. Bin ich gleich weit von dir,
bin ich doch im Schlaf bei dir
und red mit dir.
|: Wenn ich erwachen tu, :|
bin ich allein.

3. Es vergeht kein Stund in der Nacht,
da nicht mein Herz erwacht
und an dich denkt,
|: wie du mir viel tausendmal :|
dein Herz geschenkt.

1. Mein Lebenslauf ist Lieb und Lust
und lauter Liederklang,
ein frischer Mut in heitrer Brust
macht frohen Lebensgang.
Man geht bergaus, man geht bergein,
heut grad und morgen krumm,
durch Sorgen wird's nicht anders sein;
was kümmr' ich mich darum!
|: Heida! Juchhe!
was kümm'r ich mich darum! :|

2. Das Leben wird, der Traube gleich,
gekeltert und gepreßt,
so gibt es Most, wird freudenreich
und feiert manches Fest.
Drum zag ich nicht, engt mir die Brust
des Schicksals Unmut ein:
bald braus ich auf in Lieb und Lust
und werde reiner Wein!
|: Heida! Juchhe!
und werde reiner Wein! :|

3. Die Zeit ist schlecht, mit Sorgen trägt
sich schon das junge Blut,
doch wo ein Herz voll Freude schlägt,
da ist die Zeit noch gut.
Herein, herein, du lieber Gast,
du, Freude komm zum Mahl,
würz uns, was du bescheret hast,
kredenze den Pokal!
|: Heida! Juchhe!
kredenze den Pokal! :|

4. Beim großen Faß zu Heidelberg,
da sitze der Senat,
und auf dem Schloß Johannisberg
der hochwohlweise Rat.
Der Herrn Minister Regiment
soll beim Burgunderwein,
der Kriegsrat und das Parlament
soll beim Champagner sein.
|: Heida! Juchhe!
soll beim Champagner sein. :|

5. So sind die Rollen ausgeteilt
und alles wohl bestellt;
so wird die kranke Zeit geheilt
und jung die alte Welt.
Der Traube Saft kühlt heiße Glut,
drum leb das neue Reich!
Ein Zechermut, ein wahrer Mut:
der Wein macht alles gleich.
|: Heida! Juchhe!
der Wein macht alles gleich! :|

1. Der Jäger längs dem Weiher ging.
Lauf, Jäger lauf!
Die Dämmerung den Wald umfing.
Lauf Jäger, lauf Jäger, lauf, lauf, lauf,
mein lieber Jäger, guter Jäger lauf, lauf, lauf,
mein lieber Jäger lauf, mein lieber Jäger lauf!

2. »Was raschelt in dem Grase dort?« . . .
»Was flüstert leise fort und fort?« . . .

3. Ein Häschen spielt im Mondenschein, . . .
Ihm leuchten froh die Äugelein. . . .

4. »Was ist das für ein Untier doch?« . . .
»Hat Ohren wie ein Blocksberg hoch!« . . .

5. »Das muß fürwahr ein Kobold sein«, . . .
»Hat Augen wie Karfunkelstein!« . . .

6. Der Jäger furchtsam um sich schaut . . .
»Jetzt gilt es wagen, o mir graut!« . . .

7. O Jäger, laß die Büchse ruh'n, . . .
Das Tier könnt' dir ein Leides tun. . . .

8. Der Jäger lief zum Wald hinaus, . . .
Verkroch sich flink im Jägerhaus . . .

9. Das Häschen spielt im Mondenschein, . . .
Ihm leuchten froh die Äugelein. . . .

1. Wohlauf in Gottes schöne Welt, lebe wohl, ade!
Die Luft ist blau und grün das Feld, lebe wohl, ade!
Die Berge glühn wie Edelstein,
ich wandre mit dem Sonnenschein,
|: tralalala, tralala, ins weite Land hinein. :|

2. Du traute Stadt am Bergeshang, lebe wohl, ade!
Du hoher Turm, du Glockenklang, lebe wohl, ade!
Ihr Häuser alle, wohlbekannt,
noch einmal wink ich mit der Hand,
|: tralalala, tralala, und nun seitab gewandt. :|

3. An meinem Wege fließt der Bach, lebe wohl, ade!
Er ruft den letzten Gruß mir nach, lebe wohl, ade!
Ach Gott, da wird's so eigen mir,
so milde wehn die Lüfte hier,
|: tralalala, tralala, als wär's ein Gruß von dir! :|

4. Ein Gruß von dir, du schlankes Kind, lebe wohl, ade!
Und nun den Berg hinab geschwind, lebe wohl, ade!
Wer wandern will, der darf nicht stehn,
der darf niemals zurücke sehn,
|: tralalala, tralala, muß immer weiter gehn! :|

1. Wir wollen zu Land ausfahren,
wohl über die Fluren weit,
aufwärts zu den klaren
Gipfeln der Einsamkeit!
Lauschen, woher der Sturmwind braust,
schauen, was hinter den Bergen haust
|: und wie die Welt so weit. :|

2. Fremde Wasser dort springen,
sie solln unser Weiser sein,
froh wir wandern und singen
Lieder ins Land hinein.
Und brennt unser Feuer an gastlicher Statt,
so sind wir geborgen und schmausen uns satt,
|: und die Flammen leuchten darein. :|

3. Und steigt aus tiefem Tale
heimlich und still die Nacht,
und sind vom Mondenstrahle
Gnomen und Elfen erwacht,
dämpfet die Stimmen, die Schritte im Wald,
so hört ihr und sehr ihr manch Zaubergestalt,
|: die wallt mit uns durch die Nacht. :|

4. Es blüht im Walde tief drinnen
die blaue Blume fein,
die Blume zu gewinnen,
ziehn wir ins Land hinein.
Es rauschen die Bäume, es murmelt der Fluß,
und wer die blaue Blume finden will, der muß
|: ein Wandervogel sein. :|

1. Ade zur guten Nacht,
jetzt wird der Schluß gemacht,
daß ich muß scheiden.
|: Im Sommer wächst der Klee,
im Winter schneit's den Schnee,
da komm ich wieder. :|

2. Es trauern Berg und Tal,
wo ich viel tausend Mal
bin drüber gangen.
|: Das hat deine Schönheit gemacht,
hat mich zum Lieben gebracht
mit großem Verlangen. :|

3. Das Brünnlein rinnt und rauscht,
wohl unterm Holderstrauch,
wo wir gesessen.
|: Wie manchen Glockenschlag,
da Herz bei Herzen lag,
das hast du vergessen. :|

4. Die Mädchen in der Welt
sind falscher als das Geld
mit ihrem Lieben.
|: Ade zur guten Nacht!
Jetzt wird Schluß gemacht,
daß ich muß scheiden. :|

Hamburg

1. Ick heff mol en Hamborg en Veermaster sehn,
to my hoodah, to my hoodah,
de Masten so scheep as den Schipper sien Been,
do my hoodah, hoodah ho.
I: Blow, boys, blow for Californio,
there is plenty of gold, so I am told,
on the banks of Sacramento. :I

2. Dat Deck weer von Isen, vull Schiet und vull Smeer,
to my hoodah, to my hoodah,
dat weer de Schietgäng eer schönstes Pläseer,
to my hoodah, hoodah ho.
Blow, boys, blow . . .

3. Dat Logis weer vull Wanzen, de Komüs weer vull Dreck,
to my hoodah, to my hoodah,
de Beschüten, de leupen von sülven all weg,
to my hoodah, hoodah ho.
Blow, boys, blow . . .

4. Dat Soltfleesch weer gröön, und de Speck weer vull Moden,
to my hoodah, to my hoodah,
Kööm gev dat blots an Wiehnachtsobend,
to my hoodah, hoodah ho.
Blow, boys, blow . . .

5. Und wulln wi mol seiln, ick segg dat ja nur,
to my hoodah, to my hoodah,
denn lööp he dree vörut und veer wedder retur,
to my hoodah, hoodah ho.
Blow, boys, blow . . .

6. As dat Schipp, so weer ok de Kaptain,
to my hoodah, to my hoodah,
de Lüd für dat Schipp weern ok blots schangheit,
to my hoodah, hodahh ho.
Blow, boys, blow . . .

1. Das Schiff streicht durch die Wellen, fidelin.
Vom Ost die Segel schwellen, fidelin.
Verschwunden ist der Strand in die Ferne,
o wie gerne wär ich noch im Heimatland,
fidelin, fidelin!

2. Ihr dunkelbraunen Wogen, fidelin!
Wo kommt ihr hergezogen, fidelin!
Kommt ihr vom fernen Strand?
Laß sie rollen, denn sie sollen
nicht zurück zum Heimatland! Fidelin,

3. Und bei der Welle rauschen, fidelin!
Wird sie am Ufer lauschen, fidelin!
Dann eilet hin zu ihr,
sie zu grüßen, sie zu küssen,
sagt ihr viel, recht viel von mir! Fidelin,

4. Mag ich auf Wellen schwanken, fidelin!
Sind immer die Gedanken, fidelin!
Bei dir im Heimatland;
was ich singe, das erklinge
bis hinübeer an den Strand! Fidelin,

5. Wenn wild die Stürme sausen, fidelin!
Und hoch die Wellen brausen, fidelin!
Dann denk ich nur an dich,
daß mir bliebe deine Liebe,
und kein Sturm erschüttert mich! Fidelin,

6. Was ist jetzt fern muß singen, fidelin!
Bald soll dir's näher klingen, fidelin!
Mein' Fahrt ist bald vorbei;
meine Lieder bring ich wieder
und mit ihnen meine Treu! Fidelin,

1. Lustig ist's Matrosenleb'n, haltojo,
ist von lauter Lust umgeb'n, haltojo.
Bald nach Süden, bald nach Nord, haltojo,
treiben uns die Wellen fort, haltojo,
an so manchen schönen Ort, haltojo, haltojo, haltojo.

2. Hat das Segel Wind gefaßt, haltojo,
so besteigen wir den Mast, haltojo.
Sei zufrieden, Kapitän, haltojo.
Wind und Wetter werden schön, haltojo,
laßt die Fahnen lllustig weh'n! Haltojo . . .

3. Eins, das macht mir viel Verdruß, haltojo,
weil ich von der Liebsten muß, haltojo.
Fischlein schwimmen in dem Bach, haltojo,
Liebchens Tränen schwimmen nach, haltojo,
und zuletzt ein heißes »Ach«! Haltojo . . .

4. Aus ist nun das Seemannslied, haltojo,
er nimmt von der Welt Abschied, haltojo.
Ziert sein Grab kein Leichenstein, haltojo,
frißt der Haifisch sein Gebein, haltojo,
er wird dennoch selig sein; Haltojo . . .

1. Stadt Hamburg an der Elbe Auen,
wie bist du stattlich anzuschauen!
Mit deinen Türmen hoch und hehr
hebst du dich schön und lieblich sehr!
Heil über dir, heil über dir, Hammonia, Hammonia!
O wie so herrlich stehst du da.

2. Reich blühet dir auf allen Wegen
des Fleißes Lohn, des Wohlstands Segen;
soweit die deutsche Flagge weht,
in Ehren Hamburgs Namen steht.
|: Heil über dir . . . :|

3. In Kampf und Not bewährt aufs neue
hat sich der freien Bürger Treue
zur Tat für Deutschlands Ruhm bereit,
wie in der alten Hansezeit.
|: Heil über dir . . . :|

4. Der Becher kreis' in froher Runde,
und es erschall' aus Herz und Munde:
»Gott wolle ferneres Gedeih'n
der treuen Vaterstadt verleih'n!«
|: Heil über dir . . . :|

1. Eine Seefahrt, die ist lustig,
eine Seefahrt, die ist schön,
denn da kann man fremde Länder
und noch manches andre sehn.
Hollahi, hollaho, hollahia, hia, hia,
hollahia, hollaho, hollahi, hollaho,
(aho), hollahia, hia, hia, hollaho!

2. In des Bunkers tiefsten Gründen,
zwischen Kohlen ganz versteckt,
pennt der allerfaulste Stoker,
bis der Obermaat ihn weckt.
Hollahi . . .

3. »Komm mal rauf, mein Herzensjunge,
komm mal rauf, du altes Schw . . .,
nicht mal Kohlen kannst du trimmen
und ein Stoker willst du sein?«
Hollahi . . .

4. Und er haut ihm vor'n Dassel,
daß er in die Kohlen fällt
und die heilgen zwölf Apostel
für 'ne Räuberbande hält.
Hollahi . . .

5. Mit der Fleischbank schwer beladen
schwankt der Seemann übers Deck,
doch das Fleisch ist voller Maden,
läuft ihm schon von selber weg.
Hollahi . . .

6. Und der Koch in der Kombüse
ist 'ne dicke, faule S . . .,
mit de Beene ins Gemüse,
mit de Arme im Kakau.
Hollahi . . .

7. Und die kleinen weißen Möwen,
die erfüllen ihren Zweck
und sie ßtn, ßtn, ßtn
auf das frischgewaschne Deck.
Hollahi . . .

8. In der Heimat angekommen,
fängt ein neues Leben an,
eine Frau wird sich genommen,
Kinder bringt der Weihnachtsmann.
Hollahi . . .

1. Gestern abend war Vetter Michel hier,
gestern abend war Vetter Michel da,
Vetter Michel war gestern abend hier,
gestern abend war er da.
Der ein'sprach nein, der andre ja.
Vetter Michel sprach wohl nein und ja!
Vetter Michel war gestern abend hier,
gestern abend war er da.

2. Gestern abend war Vetter Michel hier,
gestern abend war Vetter Michel da.
Der Vater saß am Herd' undd brummt,
Vetter Michel aber kummt;
Vetter Michel mit dem Beutel klingt,
der Vater lacht, Vetter Michel singt.
Vetter Michel usw.

3. Gestern abend war Vetter Michel hier,
gestern abend war Vetter Michel da.
Die Mutter saß an ihrem Rad',
Vetter Michel in die Stube trat;
er schwatzte her, er schwatzte hin,
das war der Frau nach ihrem Sinn.
Vetter Michel usw.

4. Gestern abend war Vetter Michel hier,
gestern abend war Vetter Michel da.
Die Brüder kamen all' herbei,
Vetter Michel sprach da mancherlei;
dem war's das Pferd, dem war's der Hund,
Vetter Michel es mit allem kund'.
Vetter Michel usw.

5. Gestern abend war Vetter Michel hier,
gestern abend war Vetter Michel da.
Vetter Michel war gestern abend hie,
er stieß das Mädel an das Knie,
das Mädel lacht, das Mädel schreit,
Vetter Michel ist es, der da freit.
Vetter Michel usw.

1. Heute an Bord, morgen geht's fort,
Schiff auf hoher See.
Rings um uns her nur Wellen und Meer
ist alles, was ich seh.
Hell die Gläser klingen,
ein frohes Lied wir singen,
Mädel schenke ein,
es lebe Lieb und Wein,
leb wohl, auf Wiedersehn!

2. Verschwunden der Strand,
entschwunden das Land,
Schiff auf hoher See.
Rings um uns her nur Wellen und Meer
ist alles, was ich seh.
Leis die Wellen wiegen,
Möwen heimwärts fliegen,
golden strahlt die Sonn,
Herzen voller Wonn,
Heimatland, ade!

3. Im Kampfe wir sind mit Wellen
und Wind auf dem Ozean.
In Not und Gefahr sind wir
immerdar stets ein ganzer Mann.
Im Ernste wie im Scherze
am rechten Fleck das Herze;
unser schönes Gut:
frischer Seemannsmut!
Herrscher auf dem Meer!

Hessen

1. Waldeslust! Waldeslust!
O wie einsam schlägt die Brust!
|: Ihr lieben Vögelein,
stimmt eure Lieder ein
und singt aus voller Brust
die Waldeslust! :|

2. Waldeslust! Waldeslust!
O wie einsam schlägt die Brust!
|: Mein Vater kennt mich nicht,
die Mutter liebt mich nicht,
und sterben mag ich nicht,
bin noch so jung! :|

3. Waldeslust! Waldeslust!
O wie einsam schlägt die Brust!
|: In einer Sommernacht
ist mir die Lieb erwacht;
mein Schatz ist weit von hier,
was liegt daran! :|

4. Waldeslust! Waldeslust!
O wie einsam schlägt die Brust!
|: Kommt einst der Tod herbei,
ist mir das einerlei,
legt mich zur kühlen Ruh
und singt dazu! :|

1. Es steht ein Baum im Odenwald,
der hat viel grüne Äst,
da bin ich wohl viel tausendmal
bei meinem Schatz gewest.

2. Da sitzt ein schöner Vogel drauf,
der pfeift gar wunderschön;
ich und mein Schätzlein horchen drauf,
wenn wir selbander gehn.

3. Der Vogel sitzt in seiner Ruh
wohl auf dem höchsten Zweig;
und schauen wir dem Vogel zu,
so pfeift er alsogleich.

4. Der Vogel sitzt in seinem Nest
wohl auf dem grünen Baum:
Ach Schätzel, bin ich bei dir gwest
oder ist es nur ein Traum?

5. Und als ich wiederkam zu ihr,
verdorret war der Baum;
ein andrer Liebster stand bei ihr:
jawohl, es war ein Traum!

6. Der Baum, der steht im Odenwald,
und ich bin in der Schweiz,
da liegt der Schnee so kalt, so kalt;
mein Herz es mir zerreißt.

1. Die Gedanken sind frei!
Wer kann sie erraten?
Sie fliehen vorbei
wie nächtliche Schatten.
Kein Mensch kann sie wissen,
kein Jäger erschießen,
es bleibet dabei:
Die Gedanken sind frei!

2. Ich denke, was ich will
und was mich beglücket,
doch alles in der Still,
und wie es sich schicket.
Mein Wunsch und Begehren
kann niemand verwehren,
es bleibet dabei:
Die Gedanken sind frei!

3. Und sperrt man mich ein
in finsteren Kerker,
das alles sind rein
vergebliche Werke:
denn meine Gedanken
zerreißen die Schranken
und Mauern entzwei:
Die Gedanken sind frei!

4. Drum will ich auf immer
den Sorgen entsagen,
und will mich auch nimmer
mit Grillen mehr plagen.
Man kann ja im Herzen
stets lachen und scherzen
und denken dabei:
Die Gedanken sind frei!

1. Die Leineweber haben eine saubere Zunft.
Harumdidscharum, schrum, schrum, schrum.
Mittfasten halten sie Zusammenkunft.
Harumdidscharum, schrum, schrum, schrum.
Aschegraue, dunkelblaue, *schrum, schrum, schrum.*
mir ein Viertel, dir ein Viertel, *schrum, schrum, schrum.*
Fein oder grob, Geld gibt es doch!
Aschegraue, dunkelblaue, schrum schrum, schrum.

2. Die Leineweber sind all auf du und du. Harum . . .
Sie trinken einander aus Waschkübeln zu. Harum . . .

3. Der Leineweber schlachtet alle Jahr zwei Schwein.
Harum . . .
Das eine ist gestohlen, das andre ist nicht sein. Harum . . .

4. Die Leineweber nehmen keinen Lehrbuben an, harum . . .
der nicht sechs Wochen lang hungern kann. Harum . . .

5. Die Leineweber machen eine zarte Musik, harum . . .
als führen zwanzig Müllerwagen über die Brück.
Harum . . .

1. Im grünen Wald, da wo die Drossel singt, *Drossel singt,*
das muntre Rehlein durch die Büsche springt,
Büsche springt,
|: wo Tann und Fichte stehn am Waldessaum,
erlebt ich meiner Jugend schönsten Traum. :|

2. Das Rehlein trank wohl aus dem klaren Bach, *klaren Bach,*
derweil im Wald der muntre Kuckuck lacht,
Kuckuck lacht.
|: Der Jäger zielt schon hinter einem Baum,
das war des Rehleins letzter Lebenstraum. :|

3. Getroffen war's und sterbend lag es da, *lag es da,*
das man vorher noch munter hüpfen sah, *hüpfen sah,*
|: da trat der Jäger aus des Waldes Saum
und sprach: Das Leben ist ja nur ein Traum. :|

4. Schier achtzehn Jahre sind verflossen schon,
flossen schon,
die er verbracht als junger Waidmannssohn,
Waidmannssohn,
|: er nahm die Büchse, schlug sie an ein' Baum
und sprach: Das Leben ist ja nur ein Traum. :|

1. Es wollte sich einschleichen
ein kühles Lüftelein.
Bleib du bei deinesgleichen,
du sollst mein eigen sein!
Verlassen tu ich dich nicht,
wenngleich das Herze mir bricht.
Treu und beständig sollst du sein,
du sollst mein eigen sein.

2. Ich hört ein Vöglein pfeifen,
das pfeift die ganze Nacht,
vom Abend bis zum Morgen,
bis daß der Tag erwacht.
Schließ du dein Herz in das mein,
schließ eins ins andre hinein:
daraus soll wachsen ein Blümlein,
das heißt Vergißnichtmein.

3. In meines Vaters Garten,
da stehn zwei Bäumelein;
das eine trägt Muskaten,
das andre Nägelein.
Schließ du mein Herz in das dein,
schließ eins ins andre hinein:
daraus soll wachsen ein Blümlein,
das heißt Vergißnichtmein.

1. Es, es, es und es,
es ist ein harter Schluß,
weil, weil weil und weil,
weil ich aus Frankfurt muß!
Drum schlag ich Frankfurt aus dem Sinn
und wende mich Gott weiß wohin.
Ich will mein Glück probieren,
marschieren.

2. |: Er, er, er und er,
Herr Meister, leb er wohl! :|
Ich sag's ihm grad frei ins Gesicht,
seine Arbeit, die gefällt mir nicht. Ich will . . .

3. |: Sie, sie, sie und sie,
Frau Meistrin, leb sie wohl! :|
Ich sag's ihr grad frei ins Gesicht,
ihr Speck und Kraut, das schmeckt mir nicht. Ich will . . .

4. |: Ihr, ihr, ihr und ihr,
ihr Jungfern, lebet wohl! :|
Ich wünsche euch zu guter Letzt,
einen andern, der mein Stell ersetzt. Ich will . . .

5. |: Ihr, ihr, ihr und ihr,
ihr Brüder, lebet wohl! :|
Hab ich euch was zuleid getan,
so bitt ich um Verzeihung an. Ich will . . .

Niedersachsen

1. Du, du liegst mir im Herzen,
du, du liegst mir im Sinn,
du, du machst mir viel Schmerzen,
weißt nicht, wie gut ich dir bin,
ja, ja, ja, ja, weißt nicht, wie gut ich dir bin.

2. So, so wie ich dich liebe,
so, so liebe auch mich!
Die, die zärtlichsten Triebe
fühl ich allein nur für dich,
ja, ja, ja, ja, fühl ich allein nur für dich!

3. Doch, doch darf ich dir trauen,
dir, dir mit leichtem Sinn?
Du, du darfst auf mich bauen,
weißt ja, wie gut ich dir bin,
ja, ja, ja ja, weißt ja, wie gut ich dir bin!

4. Und, und wenn in der Ferne
dir, dir mein Bild erscheint,
dann, dann wünscht ich so gerne,
daß uns die Liebe vereint,
ja, ja, ja, ja, daß uns die Liebe vereint!

1. I: Ich bin ein freier Wildbretschütz
und hab ein weit Revier. :I
I: So weit die braune Heide geht,
gehört das Jagen mir. :I
Horrido, horrido, horrido, horrido, horrido, hussasa!
Horrido, horrido, horrido, horrido, horrido!

2. I: So weit der blaue Himmel reicht,
gehört mir alle Pirsch. :I
I: Auf Fuchs und Has und Haselhuhn,
auf Rehbock und auf Hirsch. :I
Horrido . . .

3. I: Doch weiß ich ein feins Mägdelein,
auf das ich lieber pirsch. :I
I: Viel lieber als auf Has und Huhn,
auf Rehbock oder Hirsch. :I
Horrido . . .

4. I: Und daß sie einem andern gehört,
macht keine Sorge mir. :I
I: Ich bin ein freier Wildbretschütz
und hab ein weit Revier. :I
Horrido . . .

Ein Heller und ein Batzen

1. Ein Heller und ein Batzen,
die waren beide mein, ja mein.
Der Heller ward zu Wasser,
der Batzen ward zu Wein, ja Wein
der Heller ward zu Wasser,
der Batzen ward zu Wein.
Heidi heido heida, heidi heido heida,
heidi heido heida, ha ha ha ha ha ha ha,
Heidi heido heida, heidi heido heida,
heidi heido heida!

2. Die Wirtsleut und die Mädel,
die rufen beid: »O weh, o weh!«
Die Wirtsleut, wenn ich komme,
die Mödel, wenn ich geh, ja geh;
die Wirtsleut, wenn ich komme,
die Mädel, wenn ich geh. Heidi . . .

3. Mein' Strümpfe sind zerrissen,
mein' Stiefel sind entzwei, entzwei.
Und draußen auf der Heide,
da singt der Vogel frei, ja frei;
und draußen auf der Heide,
da singt der Vogel frei. Heidi . . .

4. Und gäbs kein' Landstraß nirgends,
da säß ich still zu Haus, zu Haus.
Und gäbs kein Loch im Fasse,
da tränk ich gar nicht draus, nicht draus;
und gäbs kein Loch im Fasse,
da tränk ich gar nicht draus. Heidi ...

5. War das nicht eine Freude,
als mich der Herrgott schuf, ja schuf?
Ein' Kerl wie Samt und Seide,
nur schade, daß er suff, ja suff;
ein' Kerl wie Samt und Seide,
nur schade, daß er suff! Heidi ...

1. Wohlan, die Zeit ist kommen,
mein Pferd, das muß gesattelt sein.
Ich hab mir's vorgenommen,
geritten muß es sein.
Fidirulla rulla rulalalala,
fidirulla rulla rullala!
Ich hab mir's vorgenommen,
geritten muß es sein.

2. In meines Vaters Garten
da stehn viel schöne Blum, ja Blum.
Drei Jahr muß ich noch warten,
drei Jahr sind bald herum.
Fidirulla . . . Drei Jahr . . .

3. Du glaubst, du wärst die Schönste
wohl auf der ganzen Welt, ja Welt,
und auch die Angenehmste,
ist aber weit gefehlt.
Fidirulla . . . und auch die . . .

4. Der Kaiser streit' fürs Ländle,
der Herzog für sein Geld, ja Geld,
und ich streit' für mein Schätzle,
solang es mir gefällt.
Fidirulla . . . und ich streit' . . .

5. Soland ich leb auf Erden,
sollst du mein Trimple-Trample sein,
und wenn ich dann gestorben bin,
so trampelst hinterdrein.
Fidirulla . . . und wenn ich . . .

1. Im Wald und auf der Heide,
da such ich meine Freude,
|: ich bin ein Jägersmann! :|
Die Forsten treu zu pflegen,
das Wildbret zu erlegen,
|: hab meine Freud daran. :|
|: Halli, hallo, halli, hallo,
hab meine Freud daran. :|

2. Und streif ich durch die Wälder
und zieh ich durch die Felder
|: allein den ganzen Tag, :|
so schwinden mir die Stunden
gleich flüchtigen Sekunden,
|: tracht ich dem Wilde nach. :|
|: Halli, hallo, halli, hallo,
tracht ich dem Wilde nach. :|

3. Wenn sich die Sonne neiget,
der feuchte Nebel steiget,
|: mein Tagwerk ist getan. :|
Dann zieh ich von der Heide
zur häuslich stillen Freude.,
|: ein froher Jägersmann. :|
|: Halli, hallo, halli, hallo,
ein froher Jägersmann. :|

1. Hier hab' ich so manches liebe Mal
mit meiner Laute gesessen,
hinunterblickend ins weite Tal,
mein selbst und die Welt vergessen.
Und um mich klang es so froh und so hehr,
und über mir tagt es so helle
und unten brauste das ferne Wehr
und der Weser blitzende Welle.

2. Wie liebender Sang aus geliebtem Mund,
so flüstert es rings durch die Bäume,
und aus des Tales off'nem Grund
begrüßen mich nickende Träume
und süßen Bilder wie weit, wie weit!
Wie schwer der Himmel, wie trübe!
Fahr wohl, fahr wohl, du selige Zeit!
Fahrt wohl, ihre Träume der Liebe.

3. Da sitz ich aufs Neue und spähe umher
und lausche hinauf und hernieder.
Die holden Weisen rauschen nicht mehr,
die Träume kehren nicht wieder.

1. Keinen Tropfen im Becher mehr,
und der Beutel schlaff und leer,
lechzend Herz und Zunge.
Angetan hat's mir dein Wein,
deiner Äuglein heller Schein,
|: Lindenwirtin, du junge! :|

2. »Angekreidet wird hier nicht,
weil's an Kreide uns gebricht«,
lacht die Wirtin heiter.
»Hast du keinen Heller mehr,
gib zum Pferd dein Ränzel her,
|: aber trinke weiter!« :|

3. Tauscht der Bursch sein Ränzel ein
gegen einen Krug voll Wein,
tät zum Gehen sich wenden.
Spricht die Wirtin: »Junges Blut,
hast ja Mantel, Stab und Hut,
|: trink, und laß dich pfänden!« :|

4. Da vertrank der Wanderknab
Mantel, Hut und Wanderstab,
spracht betrübt: »Ich scheide.
Fahre wohl, du kühler Trank,
Lindenwirtin, jung und schlank,
|: schönste Augenweide!« :|

5. Spricht zu ihm das schöne Weib:
»Hast ja noch ein Herz im Leib,
laß es mir zum Pfande!«
Was geschah, ich tu's euch kund:
Auf der Wirtin roten Mund
|: heiß ein anderer brannte. :|

6. Der dies neue Lied erdacht,
sang's in einer Sommernacht
lustig in die Winde.
Vor ihm stand ein volles Glas,
neben ihm Frau Wirtin saß
|: unter der blühenden Linde. :|

Nordrhein-Westfalen

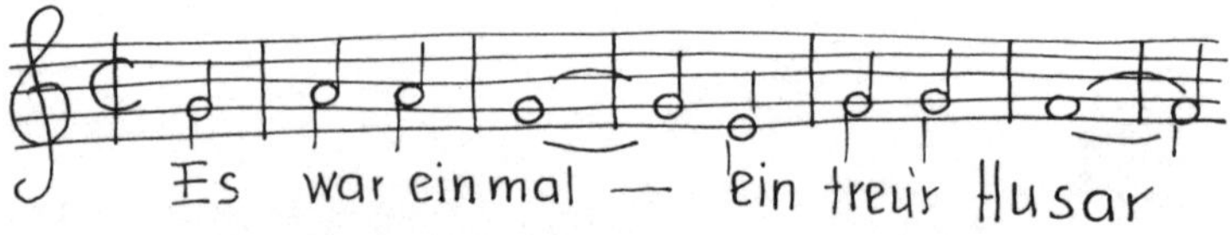

1 Es war einmal ein treu'r Husar,
der liebt sein Mädchen ein ganzes Jahr.
|: Ein ganzes Jahr und noch viel mehr,
die Liebe nahm kein Ende mehr. :|

2. Und als man ihm die Botschaft bracht',
daß sein Herzliebchen am Sterben lag,
|: da ließ er all sein Hab' und Gut
und eilte seinem Herzliebchen zu. :|

3. Ach, Mutter, bring' geschwind ein Licht,
mein Liebchen stirbt, ich seh' es nicht,
|: das war fürwahr ein treuer Husar,
der liebte sein Mädchen ein ganzes Jahr. :|

1. Feinsliebchen, du sollst mir nicht barfuß gehn,
du zertrittst dir die zarten Füßlein schön,
tralalala, tralalala,
du zertritts dir die zarten Füßlein schön.

2. Wie sollte ich denn nicht barfuß gehn,
hab keine Schuh ja anzuziehn,
tralalala . . .

3. Feinsliebchen, willst du mein eigen sein,
so kaufe ich dir ein Paar Schühlein fein,
tralalala . . .

4. Wie könnte ich euer eigen sein,
ich bin ein armes Mägdelein,
tralalala . . .

5. Und bist du auch arm, so nehm ich dich doch,
du hast ja die Ehr und die Treue noch,
tralalala . . .

6. Die Ehr und die Treue mir keiner nahm,
ich bin, wie ich von der Mutter kam,
tralalala . . .

7. Was zog er aus der Tasche fein?
Von lauter Gold ein Ringelein,
tralalala. . .

1. Ihr mögt den Rhein, den stolzen, preisen
der in dem Schoß' der Reben liegt,
wo in den Bergen liegt das Eisen,
da hat die Mutter mich gewiegt.
Hoch auf dem Fels die Tannen stehn,
im grünen Tal die Herden gehn,
als Wächter an des Hofes Saum
reckt sich empor de Eichenbaum:
|: Da ist's, wo meine Wiege stand,
o grüß' dich Gott, Westfalenland! :|

2. Wir haben keine süßen Reden
und schöner Worte Überfluß
und haben nicht so bald für jeden
den Brudergruß und Bruderkuß.
Wenn du uns willst willkommen sein,
so schau auf's Herz, nicht auf den Schein.
und schau uns grad ins Aug', grad aus,
das ist Westfalenbrauch!
|: Es fragen nichts nach Spiel und Tand
die Männer aus Westfalenland. :|

3. Und unsre Frauen, unsre Mädchen,
mit Augen blau wie Himmelsgrund,
sie spinnen nicht die Liebesfädchen
zum Scherze für die müß'ge Stund'.
Ein frommer Engel Tag und Nacht
hält tief in ihrer Seele Wacht,
und treu in Wonne, treu in Schmerz
bleibt bis zum Tod ein liebend Herz.
|: Glückselig, wessen Arm umspannt
ein Mädchen aus Westfalenland! :|

4. Behüt' dich Gott, du rote Erde,
du Land von Wittekind und Teut,
bis ich zu Staub und Asche werde,
mein Herz sich seiner Heimat freut!
Du Land Westfalen, Land der Mark,
wie deine Eichenstämme stark,
dich segnet noch der blasse Mund
im Sterben, in der letzten Stund'!
|: Land zwischen Rhein und Weserstrand,
o grüß dich Gott, Westfalenland! :|

1. |: Lippe-Detmold eine wunderschöne Stadt,
darinnen ein Soldat. :|
|: Ei, der muß marschieren in den Krieg, |:
wo die Kanonen stehn, wo die Kanonen stehn.

2. Und als er in die große Stadt reinkam,
wohl vor des Hauptmanns Haus,
der Hauptmann schaut zum Fenster raus,
»Mein Sohn bist du schon da?«

3. »Na, dann geh' mal gleich zu deinem Feldwebel hin
und zieh den Blaurock an!
Denn du mußt marschieren in den Krieg
wo die Kanonen stehn.«

4. Und als er in die große Schlacht reinkam,
da fiel der erste Schuß (bum, bum).
Da liegt er nun und schreit so sehr
nach seinem Kamerad.

5. »Ach Kam'rad, liebster Kam'rad mein,
schreib' einen Brief nach Haus.
Schreibe du, schreibe du an meinen Schatz,
daß ich getroffen bin!«

6. Kaum daß er diese Wort hatt' getan,
da fiel der zweite Schuß (bum, bum).
Da liegt er nun und schreit nicht mehr,
weil er erschossen ist.

7. Als das den General erfuhr,
da rauft er sich den Bart:
»Womit soll ich führen meinen Krieg,
weil mein Soldat ist tot!«

1. Der Jäger in dem grünen Wald,
der sucht des Tierleins Aufenthalt.
l: Und er ging wohl in dem Wald
bald hin, bald her, :l
ob auch nichts, ob auch nichts
ob auch nichts anzutreffen wär.

2. Mein Hündlein hab ich stets bei mir
in diesem grünen Laubrevier.
l: Und mein Hündelein, das wacht,
und mein Herz, das lacht, :l
meine Augen, meine Augen,
meine Augen leuchten hell und klar.

3. Ich sing mein Lied aus voller Brust,
der Hirsch tut einen Satz vor Lust,
l: Und der Fink, der Fink, der pfeift,
und der Kuckuck schreit, :l
und die Hasen, und die Hasen,
und die Hasen kratzen sich am Bart.

4. Und als ich den Wald 'neinkam,
traf ich ein schönes Mägdlein an.
l: »Ei, wie kommst du in den Wald,
in den Wald hinein, :l
du strahlenaugig Mägdelein,
wie kommst du in den Wald hinein?

5. Du sollst nicht länger bleiben hier
in diesem grünen Laubrevier.
|: Bleibe du bei mir als meine Jägerin, :|
du strahlloses Mägdelein,
bleib du bei mir als meine Braut!«

1. Es blies ein Jäger wohl in sein Horn, wohl in sein Horn.
Und alles was er blies, das war verlorn. Hussassa!
Tirallala! Und alles was er blies, das war verlorn.

2. Soll denn mein Blasen verloren sein?
Ich wollte viel lieber kein Jäger sein.
Hussassa! . . .

3. Er zog sein Netz wohl über'n Strauch,
da sprang ein schwarzbraunes Mädel raus.
Hussassa! . . .

4. »Ach, schwarzbraunes Mädel, entspring mir nicht!
Ich habe große Hunde, die holen mich.«
Hussassa! . . .

5. »Deine großen Hunde, die fürcht' ich nicht,
sie kennen meine hohen, weiten Sprünge nicht.«
Hussassa! . . .

6. »Deine hohen, weiten Sprünge, die kennen sie wohl,
sie wissen, – daß du noch heute sterben sollst.«
Hussassa! . . .

7. »Und sterb' ich denn, so bin ich tot,
begräbt man mich unter Rosen rot.«
Hussassa! . . .

8. »Wohl unter die Rosen, wohl unter den Klee,
darunter vergeh' ich nimmermeh.«
Hussassa! . . .

9. Er warf ihr sein Netz wohl über den Leib,
da ward sie des jungfrischen Jägers Weib.
Hussassa! . . .

1. Nun ade, du mein lieb Heimatland
lieb Heimatland, ade!
Es geht jetzt fort zum fremden Strand,
lieb Heimatland, ade!
Und so sing ich denn mit frohem Mut,
wie man singet, wenn man wandern tut:
Lieb Heimatland, ade!

2. Wie du lachst mit deines Himmels Blau,
lieb Heimatland, ade!
Wie du grüßest mich mit Feld und Au,
lieb Heimatland, ade!
Gott weiß, zu dir steht stets mein Sinn,
doch zur Ferne zieht es jetzt mich hin:
Lieb Heimatland, ade!

3. Begleitest mich, du lieber Fluß,
lieb Heimatland, ade!
Bist traurig, daß ich wandern muß,
lieb Heimatland, ade!
Aus der Ferne noch, du stilles Tal,
grüß ich dich zum allerletzten Mal:
Lieb Heimatland, ade!

Rheinland-Pfalz

1 Ich weiß nicht, was soll das bedeuten,
daß ich so traurig bin,
ein Märchen aus uralten Zeiten,
das kommt mir nicht aus dem Sinn.
Die Luft ist kühl und es dunkelt,
und ruhig fließt der Rhein,
der Gipfel des Berges funkelt
im Abendsonnenschein.

2. Die schönste Jungfrau sitzet
dort oben wunderbar,
ihr goldnes Geschmeide blitzet,
sie kämmt ihr goldenes Haar.
Sie kämmt es mit goldenem Kamme
und singt ein Lied dabei;
das hat eine wundersame,
gewalt'ge Melodei.

3. Den Schiffer im kleinen Schiffe
ergreift es mit wildem Weh;
er schaut nicht die Felsenriffe,
er schaut nur hinauf in die Höh.
Ich glaube, die Wellen verschlingen
am Ende Schiffer und Kahn;
und das hat mit ihrem Singen
die Lorelei getan.

1. Ich saß am Rhein und sah in die Wogen hinein,
mir schien die Flut ein Feenreich zu sein,
denn plötzlich klang ein ferner Klang
ganz leis zu mir empor
vom Glück berauscht, hab ich gelauscht
der Nixem süßem Chor.
|: O du wunderschöner deutscher Rhein,
du sollst ewig Deutschlands Zierde sein. :|

2. Da kam gar bald ein Mägdlein im Nachen herbei,
so wunderschön war nur die Loreley.
Sie setzte sich dann neben mich im Abendsonnenschein,
von alter Zeit und Herrlichkeit
sang'n wir bei edlem Wein:
|: O du wunderschöner deutscher Rhein . . . :|

3. Doch als dann der Holden ins Aug' gesehn,
da war es, ach, gar bald ums Herz geschehn.
In Seligkeit schwor ich der Maid die ew'ge Lieb' und Treu,
sie sank voll Lust an meine Brust,
vereint sang'n wir aufs neu:
|: O du wunderschöner deutscher Rhein . . . :|

1. Es zogen drei Burschen wohl über den Rhein,
|: bei einer Frau Wirtin, da kehrten sie ein. :|

2. »Frau Wirtin, hat sie gut Bier und Wein?
|: wo hat sie ihr schönes Töchterlein?« :|

3. »Mein Bier und Wein ist frisch und klar;
|: mein Töchterlein liegt auf der Totenbahr!« :|

4. Und als sie traten zur Kammer hinein,
|: da lag sie in einem schwarzen Schrein. :|

5. Der erste, der schlug den Schleier zurück
|: und schaute sie an mit traurigem Blick. :|

6. »Ach lebtest du noch, du schöne Maid,
|: ich würde dich lieben von dieser Zeit!« :|

7. Der zweite deckte den Schleier zu
|: und kehrte sich ab und weinte dazu. :|

8. »Ach, daß du liegst auf der Totenbahr!
|: ich hab dich geliebet so manches Jahr!« :|

9. Der dritte hob ihn wieder auf sogleich
|: und küßte sie an den Mund so bleich: :|

10. »Dich liebt ich immer, dich lieb ich noch heut
|: und werde dich lieben in Ewigkeit!« :|

1. Hab' mein' Wage' vollgelade',
voll mit alten Weibsen.
Als wir in die Stadt nein kamen,
fing'n sie an zu keifen.
Drum lad ich all'mein Lebetage
nie alte Weibsen auf mein Wage'.
Hü, Schimmel, hü!

2. Hab' mein' Wage' vollgelade',
voll mit Männern alten.
Als wir in die Stadt reinkamen,
murrten sie und schalten.
Drum lad' ich all mein Lebetage
nie alte Männer auf mein' Wage'.
Hü, Schimmel, hü!

3. Hab' mein' Wage' vollgelade',
voll mit jungen Mädchen.
Als wir zu dem Tor reinkamen,
sangen sie durchs Städtchen.
Drum lad' ich all mein Lebetage
nur junge Mädchen auf mein Wage'.
Hü, Schimmel, hü!

1. Ein Jäger aus Kurpfalz
der reitet durch den grünen Wald,
er schießt das Wild daher,
gleich wie es ihm gefallt.
Halli hallo! Gar lustig ist die Jägerei
allhier auf grüner Heid,
allhier auf grüner Heid.

2. Auf, sattelt mir mein Pferd
und legt darauf den Mantelsack,
so reit' ich wied'rum her
als Jäger aus Kurpfalz.
Halli usw.

3. Jetzt reit' ich nicht mehr heim,
bis daß der Kuckuck Kuckuck schreit,
er schreit die ganze Nacht
allhier auf grüner Heid'.
Halli usw.

1. Mein Mädel hat einen Rosenmund
und wer ihn küßt, der wird gesund.
O du, o du, o du!
O du schwarzbraunes Mägdelein, du la la la la la!
Du la la la la la! Du läßt mir keine Ruh!

2. Die Wangen sind wie Morgenröt',
wie sie steht überm Winterschnee.
O du, o du . . .

3. Dein' Augen sind wie die Nacht so schwarz,
wenn nur zwei Sternlein funkeln drin.
O du, o du . . .

4. Du Mädel, bist wie der Himmel gut,
wenn er über uns blau sich wölben tut.
O du, o du . . .

1. Dort in den Weiden steht ein Haus,
steht ein Haus, steht ein Haus,
da schaut die Magd zum Fenster naus,
zum Fenster naus.
Sie schaut stromauf, sie schaut stromab:
»Ist noch nicht da mein Herzensknab?
Der schönste Bursch am ganzen Rhein,
den nenn ich mein!«

2. »Des Morgens fährt er auf dem Fluß,
auf dem Fluß, auf dem Fluß
und singt herüber seinen Gruß,
ja seinen Gruß.
Des Abends, wenn's Glühwürmchen fliegt,
sein Nachen an das Ufer wiegt,
da kann ich mit dem Buschen mein
beisammen sein.«

3. »Die Nachtigall im Fliederstrauch,
Fliederstrauch, Fliederstrauch,
was sie da singt, versteh ich auch,
versteh ich auch.
Sie saget: übers Jahr ist Fest,
hab ich, mein Liebster, auch ein Nest,
wo ich dann mit dem Burschen mein
die Frohst' am Rhein!«

Schleswig-Holstein

1. Schleswig Holstein meerumschlungen,
deutscher Sitte hohe Wacht,
wahre treu, was schwer errungen,
bis ein schönrer Morgen tagt!
|: Schleswig Holstein stammverwandt,
wanke nicht, mein Vaterland! :|

2. Ob auch wild die Brandung tose,
Flut auf Flut von Bai zu Bai,
o laß blühn in deinem Schoße
deutsche Tugend, deutsche Treu!
|: Schleswig-Holstein stammverwandt,
bleibe treu, mein Vaterland! :|

3. Gott ist stark auch in den Schwachen,
wenn sie gläubig ihm vertraun,
zage nimmer, und dein Nachen
wird trotz Sturm den Hafen schaun.
|: Schleswig-Holstein stammverwandt,
harre aus, mein Vaterland! :|

4. Von der Woge, die sich bäumet
längs dem Belt am Ostseestrand,
bis zur Flut, die ruhlos schäumet
an der Düne flüchtgem Sand:
|: Schleswig-Holstein stammverwandt,
stehe fest, mein Vaterland! :|

1. Dat du min Leevsten büst,
dat du wol weeßt.
|: Kumm bi de Nacht, kumm bi de Nacht,
segg mi wat Leevs! :|

2. Kumm du üm Middernacht,
kumm du Klock een!
|: Vader slöpt, Moder slöpt,
ick slap alleen. :|

3. Klopp an de Kammerdör,
fat an de Klink!
|: Vader meent, Moder meent,
dat deit de Wind. :|

4. Kummt denn de Morgenstund,
kreiht de ol Hahn.
|: Leevster min, Leevster min,
denn mößt du gahn! :|

5. Sachen den Gang henlank,
lies mit de Klink!
|: Vader meent, Moder meent,
dat deit de Wind. :|

1. Kennt ji all dat nije Leid, nije Leid, nije Leid,
wat die ganze Stadt allweit vom Herrn Pastorn sin Kauh?
Sing man tau, sing man tau vom Herrn Pastorn sin Kau,
jau, jau. Sing man tau, sing man tau vom Herrn Pastorn sin
Kauh.

2. Ostern wör sei dick un drall, dick un drall, dick un drall,
Pinksten leig sei dot in'n Stall, uns Herrn Pastorn sin
Kauh. Sing man tau . . .

3. As sei wör in Stücken sneden, Stücken sneden,
Stücken sneden, het dat ganze Dörp wat kregen
vom Herrn Pastorn sin Kauh. Sing man tau . . .

4. Jochen Steif, de Trainsuldat, Trainsuldat, Trainsuldat,
kreig en Putt vull Mulsalat vom Herrn Pastorn sin Kauh.
Sing man tau . . .

5. Un de Köster Dümelank, Dümelank, Dümelank,
kreig en Steert as Glockenstrang vom Herrn Pastorn sin
Kauh.. Sing man tau . . .

6. Un de ole Stadtkapell, Stadtkapell, Stadtkapell,
kreig en nijes Trummelfell vom Herrn Pastor sin Kauh.
Sing man tau . . .

7. Un uns nije Füerwehr, Füerwehr, Füerwehr,
kreig en Putt vull Wagensmeer vom Herrn Pastorn sin
Kauh. Sing man tau . . .

8. Sleswig-Holstein, meerümslungen, meerümslungen, meerümslugen, hannelt nu mit Ossentungen vom Herrn Pastorn sin Kau. Sing man tau . . .

9. De Meckelbörger leit't nicht slapen, leit't nicht slapen, leit't nicht slapen, sei setn den Kopp int Lanneswapen, vom Herrn Pastorn sin Kauh. Sing man tau . . .

10. Un dat Leid vom Ende war, Ende war, Ende war, dat de Kauh en Osse war, uns Herrn Pastorn sin Kauh. Sing man tau . . .

1. Wir lieben die Stürme, die brausenden Wogen,
der eiskalten Winde rauhes Gesicht.
Wir sind schon der Meere so viele gezogen,
und dennoch sank unsre Fahne nicht.
Heio, heio, heio, heio, heioho, heio, heioho, heioho!

2. Unser Schiff gleitet stolz durch die schäumenden Wogen,
es strafft der Wind unsre Segel mit Macht.
Sehr ihr hoch oben die Fahne sich wenden,
die blutrote Fahne? Ihr Seeleut, habt acht! Heio . . .

3. Wir treiben die Beute mit fliegenden Segeln,
wir jagen sie weit auf das endlose Meer.
Wir stürzen an Deck, und wir kämpfen wie Löwen,
hei, unser der Sieg, viel Feinde, viel Ehr! Heio . . .

4. Ja, wir sind Piraten und fahren zu Meere;
wir fürchten nicht Tod und den Teufel dazu;
wir lachen der Feinde und aller Gefahren,
am Grunde des Meeres erst finden wir Ruh! Heio . . .

1. Der mächtigste König im Luftrevier
ist des Sturmes gewaltiger Aar.
Die Vöglein erzittern, vernehmen sie
sein rauschendes Flügelpaar.
Wenn der Löwe in der Wüste brüllt,
so erzittert das tierische Heer.
Ja, wir sind die Herren der Welt,
die Könige auf dem Meer.
Tirallala, tirallala, tirallala, tirallala.
Hei, hei! Ja, wir sind die Herren der Welt,
die Könige auf dem Meer.

2. Zeigt sich ein Schiff auf dem Ozean,
so jubeln wir laut und wild.
Unser stolzes Schiff fliegt dem Pfeile gleich
durch das brausende Wogengefild.
Der Kaufmann erzittert vor Angst und vor Weh,
den Matrosen entsinket der Mut,
wenn steigt am schwankenden Mast unsre Flagge,
so rot wie das Blut. Tirallala, tirallala . . .

3. Wir stürzen uns auf das feindliche Schiff
wie ein losgeschossner Pfeil.
Die Kanone donnert, die Muskete kracht,
laut rasselt das Enterbeil.
Und die feindliche Flagge, schon sinkt sie herab,
da ertönt unser Siegesgeschrei:
»Die See, das brausende Meer,
hoch lebe die Seeräuberei!« Tirallala, tirallala . . .

1. Es wollt ein Jägerlein jagen
dreiviertel Stund vor Tagen
wohl in dem grünen Wald, ja Wald,
wohl in dem grünen Wald.
Halli, hallo, halli, hallo,
wohl in dem grünen Wald.
Halli, hallo, halli, hallo,
wohl in dem grünen Wald.

2. Da traf er auf der Heide
sein Lieb im weißen Kleide;
sie war so wunderschön, ja schön,
sie war so wunderschön.
Halli . . .

3. Sie täten sich umfangen,
und Lerch und Amsel sangen
vor lauter Lieb und Lust, ja Lust,
vor lauter Lieb und Lust.
Halli . . .

4. Sie tät dem Jäger sagen:
»Ich möcht ein Kränzlein tragen
auf meinem blonden Haar, ja Haar,
auf meinem blonden Haar.«
Halli . . .

5. »Will ich zum Altar dich führen,
dich soll ein Kränzlein zieren
und dann ein Häubchen fein, ja fein,
und dann ein Häubchen fein.«
Halli . . .

1. |: Mädel, wasch dich, putz dich, kämm dich schön;
wir woll'n zusammen zum Tanze gehn. :|
Mit den Füßen trapp, trapp, trapp,
mit den Händen klapp, klapp, klapp,
sag dir's fein, merk dir's fein,
laß dich mit keinem andern ein.
Seht einmal die Sackmütz' an,
wie die Sackmütz' tanzen kann!
Einmal hin, einmal her,
tanz, mein Schimmele, tanz, mein Pferd!

Saarland

1. Deutsch ist die Saar
deutsch immer dar
und deutsch ist unseres Flusses Strand
|: und ewig deutsch mein Vaterland :|

2. Deutsch bis zum Grab
Mägdelein und Knab
und deutsch das Lied und deutsch das Wort
und deutsch der Berge schwarzer Hort
|: der Berge Hort, der Berge Hort :|

3. Deutsch schlägt das Herz
stehts himmelwärts
deutsch schlug, als uns das Glück gelacht
deutsch schlägt es auch in Leid und Nacht,
|: in Leid und Nacht, in Leid und Nacht :|

1. Jetzt kommen die lustigen Tage, Schätzel ade!
Und das ich es dir nur sage:
es tut mir gar nicht weh.
Und im Sommer, da blüht der rote, rote Mohn,
und ein lustiges Blut
kommt überall davon.
Schätzel, ade, Schätzel ade!

2. Und morgen, da müssen wir wandern, Schätzel ade!
Und küssest du gleich einen andern,
wenn ich es nur nicht seh';
und seh' ich's im Traum, so bilde ich mir ein,
das ist ja gar nicht so,
das kann ja gar nicht sein!
Schätzel ade! . . .

3. Und kehr' ich dann einstmals wieder, Schätzel ade!
So sing ich die alten Lieder,
vorbei ist all' mein Weh.
Und bist du mir dann wie einstmals im Mai,
so bleib ich bei dir auf ewige Treu.
Schätzel ade! . . .

1. Freiheit, die ich meine,
die mein Herz erfüllt,
kommt mit deinem Scheine,
süßes Engelsbild!
Magst du nie dich zeigen
der bedrängten Welt?
Führest deinen Reigen
nur am Sternenzelt?

2. Auch bei grünen Bäumen
in dem lust'gen Wald,
unter Blütenträumen
ist dein Aufenthalt.
Ach, das ist ein Leben,
wenn es weht und klingt,
wenn dein stilles Weben
wonnig uns durchdringt.

3. Wenn die Blätter rauschen,
süßen Freundesgruß,
wenn wir Blicke tauschen,
Liebeswort und Kuß.
Aber nimmer weiter
nimmt das Herz den Lauf.
Auf der Himmelsleiter
steigt die Sehnsucht auf.

4. Wolltest auf uns lenken
Gottes Lieb' und Lust,
wolltest gern dich senken
in die deutsche Brust.
Freiheit, holdes Wesen,
gläubig kühn und zart,
hast ja lang erlesen,
dir die deutsche Art.

1. |:So scheiden wir mit Sang und Klang:
Leb wohl du schöner Wald! :|
Mit deinem kühlen Schatten,
mit deinen grünen Matten,
|: du süßer Aufenthalt! :|

2. |: Wir singen auf dem Heimweg noch
ein Lied der Dankbarkeit: :|
Lad ein, wie heut, uns wieder
auf Laubesduft und Lieder
|: zur schönen Maienzeit! :|

3. |: Schaut hin, von fern noch hört's der Wald
in seiner Abendruh! :|
Die Wipfel möcht er neigen,
er rauschet in den Zweigen,
|: lebt wohl, ruft er uns zu! :|

1. Wer recht in Freuden wandern will,
der geh der Sonn entgegen!
Da ist der Wald so kirchenstill,
kein Lüftchen mag sich regen.
|: Noch sind nicht die Lerchen wach,
nur im hohen Gras der Bach
singt leise den Morgensegen. :|

2. Die ganze Welt ist wie ein Buch,
darin uns aufgeschrieben
in bunten Zeilen manch ein Spruch,
wie Gott uns treu geblieben.
|: Wald und Blumen nah und fern
und der helle Morgenstern
sind Zeugen von seinem Lieben. :|

3. Da zieht die Andacht wie ein Hauch
durch alle Sinnen leise,
da pocht ans Herz die Liebe auch
in ihrer stillen Weise,
|: pocht und pocht, bis sich's erschließt
und die Lippe überfließt
von lautem, jubelndem Preise. :|

4. Und plötzlich läßt die Nachtigall
im Busch ihr Lied erklingen;
in Berg und Tal erwacht der Schall
und will sich aufwärts schwingen;
|: und der Morgenröte Schein
stimmt in lichter Glut mit ein:
»Laßt uns dem Herrn lobsingen!« :|

1. Guter Mond, du gehst so stille
in den Abendwolken hin,
bist so ruhig und ich fühle,
daß ich ohne Ruhe bin.
Traurig folgen meine Blicke
deiner stillen heitern Bahn.
O wie hart ist mein Geschicke,
daß ich dir nicht folgen kann!

2. Guter Mond, dir will ich's sagen,
was mein banges Herze kränkt,
und an wen mit bittren Klagen
die betrübte Seele denkt!
Guter Mond, du kannst es wissen,
weil du so verschwiegen bist,
warum meine Tränen fließen
und mein Herz so traurig ist.

3. Dort bei jenem kleinen Tale,
wo die dunklen Bäume stehn,
nah bei jenem Wasserfalle
wirst du meine Hütte sehn.
Geh' durch Wälder, Bach und Wiesen,
blicke sanft durchs Fenster hin,
so erblickst du Elisen,
aller Mädchen Königin.

4. Nicht in Gold und nicht in Seide
wirst du dieses Mädchen sehn,
nur im schlichten weißen Kleide
pflegt mein Mädchen stets zu gehn.
Nicht vom Adel, nicht vom Stande,
den man sonst so hoch verehrt,
nicht vom eitlen Mode-Tande
hat mein Mädchen seinen Wert.

5. Nur ihr Reiz, ihr gutes Herze,
macht sie liebenswert bei mir,
gut im Ernste, froh im Scherze,
jeder Zug ist gut an ihr.
Ausdrucksvoll sind die Gebärden,
froh und heiter ist ihr Blick,
kurz, von ihr geliebt zu werden,
halt ich für das größte Glück.

6. Mond, du Freund der reinsten Triebe,
schleich dich in ihr Kämmerlein;
sag es ihr, daß ich sie liebe
und daß sie nur ganz allein
mein Vergnügen, meine Freude,
meine Lust, mein Alles ist,
daß ich gerne mit ihr leide,
wenn ihr Aug' in Tränen fließt.

7. Daß ich aber schon gebunden,
und nur leider zu geschwind
meine süßen Freiheitsstunden
schon für mich entschwunden sind;
und daß ich nicht ohne Sünde
lieben könne in der Welt.
Lauf und sag's dem guten Kinde,
ob ihr diese Lieb' gefällt?

1. Weißt du, wieviel Sternlein stehen
an dem blauen Himmelszelt?
Weißt du, wieviel Wolken gehen
weithin über alle Welt?
Gott der Herr hat sie gezählet,
daß ihm auch nicht eines fehlet
|: an der ganzen großen Zahl. :|

2. Weißt du, wieviel Mücklein spielen
in der heißen Sonnenglut,
wieviel Fischlein auch sich kühlen
in der hellen Wasserflut?
Gott der Herr rief sie mit Namen,
daß sie all ins Lebens kamen,
|: daß sie nun so fröhlich sind. :|

3. Weißt du, wieviel Kinder frühe
stehn aus ihrem Bettlein auf,
daß sie ohne Sorg und Mühe
fröhlich sind im Tageslauf?
Gott im Himmel hat an allen
seine Lust, sein Wohlgefallen,
|: kennt auch dich und hat dich lieb. :|

Verzeichnis der Lieder

Deutschlandlied
Einigkeit und Recht und Freiheit . . .
Text: Heinrich Hoffmann von Fallersleben 1841,
Musik: Joseph Haydn 1797

Baden-Württemberg
Auf de schwäb'sche Eisebahne . . .
Schwäbisches Scherzlied
Wir wandern heut in's Schwabenland . . .
Stuttgarter Chorblätter Nr. 623, Text: Wilhelm Müller,
Musik: Kurt Brenner
Am Neckar, am Neckar . . .
Text: Friedrich Ritter, Musik: Friedrich Silcher
Auf'm Wase graset d'Hase . . .
Schwäbische Volksweise
Ei Mädchen vom Lande . . .
Volksweise
Rosestock, Holderblüt . . .
Aus Schwaben
Muß i denn . . .
Schwäbisches Volkslied, von Hellmut Aichele nach Philipp,
Friedrich Silcher (1789–1860)

Bayern
Gott mit dir, du Land der Bayern, . . .
Text: M. Öchsner, J. M. Lutz
Weise: Konrad M. Kunz
Wohlauf, die Luft geht frisch und rein . . .
Text: Joseph Victor Scheffel,
Musik: Valentin Eduard Becker, 1870
Als wir jüngst in Regensburg waren . . .
Volkslied aus dem 18. Jahrhundert
Ein Vogel wollte Hochzeit machen . . .
Bayerisches Volkslied, vor 1530
Laßt doch der Jugend ihren Lauf . . .
Volkslied, 1820
All mein Gedanken . . .
Volkslied aus Niederbayern, 1460
Was noch frisch und jung an Jahren . . .
Fränkische Volksweise

Berlin
Das ist die Berliner Luft . . .
Es waren zwei Königskinder . . .
Volkslied, 1804, ähnlich 1563, Volksweise »Ach Mutter, liebe Mutter« aus der Mark Brandenburg, 1807
Bolle reiste jüngst zu Pfingsten . . .
Volksweise
Herzliebchen mein unterm Rebendach . . .
Text: A. Conradi (1862–1890)
Wie die Blümlein draußen zittern . . .
Volksweise
Müde kehrt der Wandersmann zurück . . .
Volksweise
Der Mond ist aufgegangen . . .
Text: Matthias Claudius, 1778,
Musik: Johann A. P. Schulz, 1790

Bremen
Du braver Ratskellermeister von Bremen . . .
Text: Heinrich Heine (1797–1856)
Musik: Gotthilf Fischer
Wo mag denn nur mein Christian sein? . . .
Volkslied vor 1812 aus der Gegend um Nordhausen, nach der Volksweise: »Wilhelm, komm an meine Seite«, 1810
Das Wandern ist des Müllers Lust . . .
Text: Wilhelm Müller, 1817,
Musik: Carl Friedrich Zöllner, um 1844
Wem Gott will rechte Gunst erweisen . . .
Text: Joseph Frhr. von Eichendorff, 1822
Musik: Friedrich Theodor Fröhlich, 1833 nach der Volksweise: »Da zieh ich wiederrum«, 1799
Alle Vögel sind schon da . . .
Text: Heinrich Hoffmann von Fallersleben, 1835
Musik: nach der Volksweise: »Nun so reis' ich«, 1799
Es hatt' ein Bauer ein schönes Weib . . .
Volkslied, 1806
Guten Abend, gut Nacht . . .
Text: 1. Strophe: Volkslied 1808, 2. Strophe: Georg Scherer, 1849, Musik: Johannes Brahms, op.49 Nr. 4, 1868

DDR

An der Saale hellem Strande . . .
Text: Franz Kugler, Musik: F. E. Fesca

Wenn ich ein Vöglein wär . . .
Volkslied 1778, 3. Strophe im Volkslied: »Mag ich reden«

Der Jäger längs dem Weiher ging . . .
Volksweise aus der Mark Brandenburg

Mein Lebenslauf ist Lieb und Lust . . .
Text: August Mahlmann, 1808, Volksweise

Wohlauf in Gottes schöne Welt . . .
Text: Julius Rodenberg (1831–1914)
Musik: Volksweise aus der Mark Brandenburg

Wir wollen zu Land ausfahren . . .
Text: Hjalmar Kutzlieb (1895–1959)
Musik: Kurt von Burkersroda

Wir lieben die Stürme . . .
Text und Musik: Wilhelm Volk um 1930

Der mächtigste König im Luftrevier . . .
Volksweise

Mädel, wasch dich . . .
Volksweise aus Holstein

Es wollt ein Jägerlein jagen . . .
Volkslied, 1776, Kehrreim 1891 aus Schleswig

Saarland

Deutsch ist die Saar . . .
altes Bergmannslied

Freiheit, die ich meine . . .
Text: Max von Schenkendorf, Volksweise

Jetzt kommen die lustigen Tage . . .
Volksweise

So scheiden wir mit Sang und Klang . . .
Text: Heinrich Hoffmann von Fallersleben 1848, Volksweise

Wer recht in Freuden wandern will . . .
Text: Emanuel Geibel, 1840,
Musik: Gustav Klauer (1827–1854)

Guter Mond, du gehst so stille . . .
Volksweise

Weißt du, wieviel Sternlein stehen . . .
Text: Wilhelm Hey, 1836, Musik: nach der Volksweise
»O du Deutschland«, 1759

Die Leineweber ...
Volkslied 1833
Im grünen Wald, da wo die Drossel singt ...
Volksweise aus dem Odenwald, 1904
Es wollte sich einschleichen ...
Volkslied aus Hessen, 1865
Es, es, es und es ...
Volkslied um 1780, Volksweise aus Hessen, 1838

Niedersachsen
Du, du liegst mir am Herzen ...
Volkslied aus Norddeutschland um 1820
Ein Heller und ein Batzen ...
Text: Albert Graf von Schlippenbach, 1830
Musik: Volksweise um 1934
Ich bin ein freier Wildbrettschütz ...
Text: Hermann Löns, 1911,
Musik: Volksweise um 1936
Im Wald und auf der Heide ...
Text: Wilhelm Bornemann, 1816
Musik: F. L. Gehrike, 1827
Wohlan, die Zeit ist gekommen ...
Volkslied um 1794 aus der Lüneburger Heide
Keinen Tropfen im Becher mehr ...
Text: Rudolf Baumbach, 1876,
Musik: Franz Abt, 1878
An der Weser ...
Text: Franz Dingelstedt, Musik: G. Pressel

Nordrhein-Westfalen
Es war einmal ein treuer Husar ...
Volksweise
Ihr mögt den Rhein ...
(»Westfalenlied«) Text: E. Rittershaus,
Musik: Joh. Peters
Lippe-Detmold eine wunderschöne Stadt ...
Westfälische Volksweise
Der Jäger in dem grünen Wald ...
Volkslied aus Westfalen, 1825
Feinsliebchen, du solltest mir nicht barfuß gehen ...
Text: A. Wilh. von Zuccamaglio, 1840
Musik: Volksweise aus Westfalen um 1810,
nach Johannes Brahms

Es blies ein Jäger wohl in sein Horn ...
Volksweise
Nun ade, du mein lieb Heimatland ...
Text: August Disselhoff, 1851,
Musik: Soldatenliedweise aus Westfalen vor 1851

Rheinland-Pfalz

Ich weiß nicht, was soll es bedeuten ...
Text: Heinrich Heine, »Die Lorelei«, 1823
Musik: Philipp Friedrich Silcher, 1838
O du wunderschöner deutscher Rhein ...
Volksweise
Es zogen drei Bursche wohl über den Rhein ...
Text: Ludwig Uhland, 1809, Musik: Volksweise um 1740
Hab' mein' Wage' vollgelade' ...
Niederrheinisches Volkslied
Ein Jäger aus Kurpfalz ...
Volksweise
Mein Mädel hat einen Rosenmund ...
von A. Wilh. von Zuccalmaglio nach einem Volkslied
Dort in den Weiden steht ein Haus ...
von A. Wilh. von Zuccalmaglio, 1840

Schleswig-Holstein

Schleswig-Holstein meerumschlungen ...
Text: Matthäus Friedrich Chemnitz, 1844
Musik: Karl Gottlieb Bellmann, 1844
Kennt ji all dat nije Leid ...
Norddeutsche Volksweise um 1870
Dat du min Leevsten büst ...
Volkslied aus Schleswig-Holstein, 1845
Wir lieben die Stürme ...
Text und Musik: Wilhelm Volk um 1930
Der mächtigste König im Luftrevier ...
Volksweise
Mädel, wasch dich ...
Volksweise aus Holstein
Es wollt ein Jägerlein jagen ...
Volkslied, 1776, Kehrreim 1891 aus Schleswig

Saarland
Deutsch ist die Saar . . .
Altes Bergmannslied
Freiheit, die ich meine . . .
Text: Max von Schenkendorf, Volksweise
Jetzt kommen die lustigen Tage . . .
Volksweise
So scheiden wir mit Sang und Klang . . .
Text: Heinrich Hoffmann von Fallersleben 1848, Volksweise
Wer recht in Freuden wandern will . . .
Text: Emanuel Geibel, 1840,
Musik: Gustav Klauer (1827–1854)
Guter Mond, du gehst so stille . . .
Volksweise
Weißt du, wieviel Sternlein stehen . . .
Text: Wilhelm Hey, 1836, Musik: nach der Volksweise »O du Deutschland«, 1759

Bildnachweis

W. Dederer, Eßlingen: Nr. 5, 7, 22; Studio-Foto-Dörr, Güglingen: Nr. 4, 8, 26, 27; E.-M. Münzenmayer, Ostfildern: Nr. 9, 11, 15, 16, 25; K.-H. Janicsek, Nr. 23, 24; Foto Schäfer, Besigheim: Nr. 3; Neue Revue, Hamburg: Nr. 18; Bild am Sonntag: Nr. 21; Archiv des Autors: Nr. 1, 2, 6, 10, 12, 13, 14, 17, 19, 20, 28, 29.

352 Seiten mit zahlreichen Fotos
und Zeichnungen

Herbig